Cómo Crecer una Relación

Guía para Crecer en Pareja y Transformar una Relación Positivamente

ALEJANDRO VALLEJO

CÓMO CRECER UNA RELACIÓN

© Copyright 2019 – Alejandro Vallejo- Todos los derechos reservados.

Este documento está orientado a proporcionar información exacta y confiable con respecto al tema tratado. La publicación se vende con la idea de que el editor no tiene la obligación de prestar servicios oficialmente autorizados o de otro modo calificados. Si es necesario un consejo legal o profesional, se debe consultar con un individuo practicado en la profesión.

- Tomado de una Declaración de Principios que fue aceptada y aprobada por unanimidad por un Comité del Colegio de Abogados de Estados Unidos y un Comité de Editores y Asociaciones.

De ninguna manera es legal reproducir, duplicar o transmitir cualquier parte de este documento en forma electrónica o impresa.

La grabación de esta publicación está estrictamente prohibida y no se permite el almacenamiento de este documento a menos que cuente con el permiso por escrito del editor. Todos los derechos reservados.

La información provista en este documento es considerada veraz y coherente, en el sentido de que cualquier responsabilidad, en términos de falta de atención o de otro tipo, por el uso o abuso de cualquier política, proceso o dirección contenida en el mismo, es responsabilidad absoluta y exclusiva del lector receptor. Bajo ninguna circunstancia se responsabilizará legalmente al editor por cualquier reparación, daño o pérdida monetaria como consecuencia de la información contenida en este documento, ya sea directa o indirectamente.

Los autores respectivos poseen todos los derechos de autor que no pertenecen al editor.

La información contenida en este documento se ofrece únicamente con fines informativos, y es universal como tal. La presentación de la información se realiza sin contrato y sin ningún tipo de garantía endosada.

El uso de marcas comerciales en este documento carece de consentimiento, y la publicación de la marca comercial no tiene ni el permiso ni el respaldo del propietario de la misma. Todas las marcas comerciales dentro de este libro se usan solo para fines de aclaración y pertenecen a sus propietarios, quienes no están relacionados con este documento.

TABLA DE CONTENIDO

Introducción..6

Capítulo 1: La comunicación................................10

Capítulo 2: La sensación de inseguridad en las relaciones..27

Capítulo 3: La importancia de la validación..............49

Capítulo 4: Los conflictos y desacuerdos................72

Capítulo 5: Cercanía e Intimidad..........................94

Capítulo 6: Los ingredientes para tener un matrimonio feliz..118

Capítulo 7: ¿Cómo comprender los conflictos maritales?..135

Capítulo 8: Hábitos para el crecimiento de relaciones saludables..151

Conclusión..163

Introducción

¿Qué hace buena a una relación?

Como seres humanos, todos tenemos ese deseo natural de conectarnos con los demás y sentirnos aceptados. Básicamente, se puede decir que de esta manera estamos programados para comportarnos. Nos entusiasma saber que los demás estarán allí para nosotros incluso en las situaciones más difíciles y, por esta razón, sentimos una conexión casi instantánea con quienes saben relacionarse con nosotros. Incluso, se produce una especie de delite cuando compartimos con una persona que parece entender todas nuestras alegrías y penas.

Es importante mencionar que el fomento de este tipo de conexión es uno de los ingredientes clave para mantener buena relación. No obstante, seguimos preguntandonos, ¿qué es exactamente una "buena relación" entre adultos?

En nuestra vida diaria, inevitablemente desempeñamos diversos roles y en consecuencia tenemos diferentes tipos de relaciones. Con todo, este libro se enfocará en la relación que posiblemente sea la más importante en nuestra sociedad: la relación de parejas. Esta es la relación adulta más importante que las personas tendrán en sus vidas pues, después de todo, es la que origina a la familia — la unidad básica que conforma nuestra sociedad—.

Las buenas relaciones comienzan en casa

El nucleo familiar es normalmente la principal fuente socialización que tienen los niños ya que es el primer lugar donde aprenden a tratar a los demás de manera justa y respetuosa, a interactuar de manera considerada y, a asumir responsabilidades cuando las cosas no salen como se desean.

Sin embargo, el seno familiar también puede ser el lugar donde se aprende a hacer todo lo contrario a lo indicado. De allí que la vida familiar tiene mucho que ver con la forma en que nos relacionamos románticamente.

Además, debido a que todos tenemos diferentes orígenes, nuestras expectativas sobre lo qué es una "buena relación" posiblemente difieran bastante.

En cualquier caso, todas las buenas relaciones generalmente se basan en una comunicación clara, el respeto mutuo y la confianza.

Se trata de saber permanecer fieles a nosotros mismos mientras procuramos un crecimiento personal y mutuo; cada relación nos empuja a aprender cómo podemos ser abiertos y vulnerables frente a alguien sin temer a que nuestro orgullo y nuestra autoestima sean pisoteados.

Aprende a convertirte en un guardián

Mantener una buena dinámica con tu pareja no es tan fácil como enamorarse y entablar la relación amorosa. Es más, el hecho de que estés loco de amor por esta persona no significa que ese sentimiento sea suficiente para que la relación perdure puesto que en realidad, el verdadero reto radica en mantenernos interesados por el otro una vez que la fase de la luna de miel haya pasado.

En el mundo real, las relaciones de los adultos no se tratan sólo de sentimientos y emociones, más bien requieren de mucho trabajo y el deseo constante de crecer junto con nuestras parejas incluso en los momentos difíciles; y, si bien no existe una estrategia única que funcione para todas las parejas, el amor que se comparte entre ellas se basa principalmente en aprender a darse cada uno oportunidades iguales, responsabilidades y derechos iguales.

Por último, lo que hace que una relación sea "buena" es que esta sea profundamente personal y que suponga principalmente reconocer las necesidades del otro y tener disposición para encontrar un punto medio que beneficie a ambas partes. Así mismo, también reconocemos que esto algunas veces se vuelve cuesta arriba debido a que tú y tu pareja no están en la misma página.

Ten en cuenta que la solución para hacer que las relaciones funcionen no caerán mágicamente sobre ti.

Ahora bien, debido a que hoy comenzaste a leer este libro, quiero decirte que estás más cerca de convertirte en un verdadero guardián — o un amante de ensueño si es así quieres llamarlo—. Ya sea que estés en una relación romántica o no, el contenido de este libro te puede dar la oportunidad de mejorar y ser el tipo de persona con la que a otros les encantaría compartir su vida.

Capítulo 1: La comunicación

La comunicación es clave para mantener cualquier relación a flote. Expresar tus pensamientos y sentimientos de la manera más clara y saludable posible es extremadamente importante para tu pareja, familia, amigos o colegas porque lo que digas nunca regresará vacio. Expresarte y escuchar es esencial para mantener la paz, la satisfacción y la transparencia dentro de la relación.

Por otra parte, no comunicarse de forma efectiva siempre resultará en problemas no deseados. A veces, una mala comunicación puede incluso ser un síntoma de un problema mayor que ambas partes se niegan a resolver.

Cuando no hablas con tu pareja sobre las cosas que te están molestando en la relación, la causa principal del problema suele revelarse de la manera más desagradable posible cuando llegue el momento.

Expon tus sentimientos

Exponer tus sentimientos puede ser quizás una de las cosas más difíciles que tendrás que hacer cuando estés en una relación romántica o en cualquier tipo de relación; probablemente haya algo en la forma en que has aprendido acerca de los sentimientos que te produce miedo admitirlos frente a la otra persona.

Si creciste creyendo que debes dejar de sentirte mal inmediatamente después de que algo salga mal o que simplemente debes "aguantar" cuando te sientas herido, es probable que así sea como te comportes con la gente.

Aguantar o ignorar los sentimientos sin discutirlos con la persona involucrada es la única manera en que sabes responder cuando ocurre un problema.

Estos detalles se convertirán en un gran obstáculo para construir una relación romántica exitosa. Si no puedes expresar abiertamente tus sentimientos o si tu pareja no puede darse el lujo de expresarte sus sentimientos, ¿cómo se supone que van a enfrentar problemas mucho más complejos en la vida? Rehusarte a revelar tus verdaderos pensamientos y sentimientos sobre un determinado tema sólo puede causar frustración, estrés innecesario y, en el peor de los casos, problemas de confianza.

Quizás pueda ser muy difícil desaprender la costumbre de no hablar acerca de lo que te molesta, especialmente si así como has sido programado para comportarte. No obstante, el hecho de que estés acostumbrado a tener este tipo de respuesta a los problemas, no significa que nunca puedas volverte bueno en comunicar cómo te sientes.

El primer paso para superar este obstáculo es aceptar que tienes derecho a sentir cosas a tener sentimientos. Recuerda que tienes derecho a tus sentimientos de enojo, decepción, frustración o culpa y que también es esencial expresarlos sin "quemar la casa".

La mejor manera de comunicar nuestros sentimientos es acordar tener una comunicación no violenta (NVC), el cual es un sistema desarrollado por el psicólogo Marshall B. Rosenberg para ayudar a cualquiera a reconocer sus sentimientos y comunicarlos de una manera que no transmitan hostilidad y juicio. A continuación te presento los 4 principios de la comunicación no violenta del Dr. Rosenberg:

La observación

Cuando nos enfrentamos a una situación que nos causa molestia, primero debemos enfocarnos en los hechos.

Luego, por más tentador que sea, debemos evitar juzgar esos hechos o asignarles un significado de inmediato debido a que sólo nos haremos daño si dejamos que estos pensamientos tomen la delantera.

Por ejemplo, si alguien no se aparece en la fecha acordada, ese es el único hecho que puedes observar por ahora. Cuando empiezas a pensar que la persona no tiene modales o que posiblemente te odia en secreto, estás añadiendo juicios de valor y significado a tus observaciones. Estas suposiciones pueden o no ser ciertas del todo, pero no hay forma de confirmarlo ahora. Es mejor retener el juicio y atenerse a los hechos si planeas tener una discusión honesta al respecto con la persona involucrada.

Los sentimientos

Tenemos que reconocer nuestros sentimientos y ser honestos cuando los expresemos sin juzgar a los demás. Si tomas en cuenta el ejemplo anterior, es totalmente comprensible que te sientas irrespetado por haber sido plantado. Sin embargo, decirle a la otra persona que no tiene modales por no presentarse a la cita lo pondrá inmediatamente a la defensiva, se sentirá juzgado.

En este escenario, es más apropiado enfocarte en tus sentimientos y usar frases como: "Me siento _____, porque _____". Esto te permitirá comunicar con énfasis tus emociones sin contaminarlas con juicios innecesarios hacia la otra persona.

Las necesidades

Es importante darte cuenta de que, en última instancia, los sentimientos provienen de necesidades no satisfechas. Para asegurarte de que realmente tendrás la oportunidad de satisfacer esas necesidades, debes ser directo cuando te comuniques con la persona involucrada.

Por ejemplo, puedes sentirte molesto y abandonado porque tu pareja todo el tiempo llega tarde a casa luego del trabajo y, para solucionar este problema, decides abordar la situación diciendo: "Has pasado demasiado tiempo en la oficina". Lo dices con la intención de hacerle saber que ustedes no se estan viendo lo suficiente. Sin embargo, la pareja lo puede tomar como una sugerencia para salir a relajarse y a divertirse asolas. En consecuencia, al día siguiente, lo ves tomarse el día libre y tener un poco de "tiempo para mí" que se traduce en un día completo de auto-asicalamiento.

Esto puede frustrarte aún más si tu verdadera intención era hacer que pasaran más tiempo juntos.

Es muy común el mito de que las parejas tienen el poder de entender lo que realmente quieres decir, incluso cuando no dices nada. La verdad es que debes ser directo con tus necesidades ya que los demás no pueden adivinar lo que realmente les estás pidiendo.

Las peticiones o deseos

Una vez que hayas reconocido tus necesidades, el siguiente paso es expresarlas en términos de peticiones en lugar de exigencias. Si esperamos que otras personas comprendan de inmediato lo que queremos y que actúen en consecuencia, realmente no les estamos facilitando que entiendan lo que deseamos.

Cuando hacemos todo lo posible para que nuestras peticiones sean expresadas de la manera más clara, le damos a la otra persona una idea más amplia de cómo poder conceder estas peticiones. No obstante, es importante tener en cuenta que estos son sólo indicadores para comunicar mejor tus sentimientos y que no garantizan exactamente que tus necesidades sean satisfechas después. De cualquier manera, intentar ser transparente puede beneficiarte mucho más.

Repito una vez más, una comunicación efectiva es bidireccional, es expresarte y escuchar. Saber cómo expresar tus sentimientos es un buen comienzo, pero no necesariamente te da derecho a algo. A fin de cuentas, lograr que alguien haga cambios para ti significa tambien pensar en sus necesidades y sentimientos.

Escucha las palabras de tu pareja

Cuando tu pareja quiera contarte algo, querrá que prestes atención a todo lo que dice , especialmente si el tema en cuestión es muy importante para ella. Sin embargo, a veces puedes estar tan ansioso por expresar tu punto de vista que olvidas ver las cosas desde su perspectiva y, como resultado, tu pareja no sentirá que te has esforzado escencialmente por comprender por qué se siente de determinada manera. Este ejemplo es una forma segura de empeorar las cosas.

La facultad de escuchar forma gran parte de nuestras interacciones diarias, incluso más cuando tenemos que tratar constantemente con personas a lo largo del día. Desafortunadamente, muchos de nosotros realmente no sabemos cómo hacerlo conscientemente. Por lo general, se nos enseña a leer o hablar mejor, pero escuchar es una habilidad que rara vez se nos exige aprender.

Lo bueno es que sólo necesitas hacer algunos cambios simples para notar un cambio positivo en tus conversaciones.

Tienes que estar en el momento presente

Es esencial que le prestes toda tu atención a tu pareja cuando te hable, especialmente cuando se trata de algo que le importe mucho.

Si en ese momento tu mente está pendiente de otras responsabilidades que te impiden escuchar por completo, sé honesto y sugiére hablar más tarde, cuando puedas concentrarte en lo que él o ella tiene que decir.

No interrumpas a tu pareja cuando habla

No intentes terminar las oraciones de tu pareja por ella, incluso si lo que vas a decir es correcto. Esto solo los cerrará y desalentará a continuar con el tema.

Interrumpir a tu pareja mientras habla no ayuda, sólo demuestra lo impaciente que eres.

Además, muestra lo desinteresado que verdaderamente estás por conocer sus pensamientos y que sólo estás esperando la menor oportunidad para soltar tus opiniones.

Si quieres que tu pareja continúe compartiendo cosas contigo, permítele que hable a su propio ritmo.

En el momento en que te des cuenta de que le estás cortando las oraciones con un tono altanero y como si ya lo supieras todo, detente de inmediato. Sólo así disminuirás la probabilidad de infligir más daño.

Simplemente escucha

Cuando tu pareja quiera decirte algo importante, escucha. Eso es todo. Por lo general, las personas no te cuentan algo para recibir tu consejo, tu opinión o cualquiera de tus anécdotas personales. Si así fuera, posiblemente solicitarían estas cosas directamente. De lo contrario, es mejor si sólo aceptas lo que te están contando sin entorpecer la conversación con tus experiencias.

Una de las mejores maneras de mantener una buena relación con tu pareja es escucharla con más atención, especialmente cuando está abriéndote su corazón.

Si escuchas de la manera correcta, tu pareja se sentirá valorada y apreciada. Confiará en tu capacidad de comprensión, incluso cuando no compartas exactamente los mismos puntos de vista.

¿Lograr que tu pareja realmente te escuche?

Después de aprender a escuchar de manera efectiva, exploremos el otro extremo del espectro de la comunicación: hablar. ¿Cómo puedes hablar para que tu pareja escuche lo que realmente le estás diciendo? Si siempre sientes que no te escuchan, ¿qué puedes hacer exactamente para cambiar esta situación?

Puede ser totalmente frustrante hablar por horas y que nada cambie. Darte cuenta de que tu compañero permanece cerrado a pesar de todas tus súplicas de atención, simplemente te entristece aún más porque sientes que estás hablando con una enorme pared de ladrillos en lugar de con una persona.

Pero, afortunadamente, si haces unos pequeños ajustes a tu propuesta puede ser todo lo que necesites para ver una gran diferencia en la forma en que te responden la próxima vez que hables.

Respetarse mutuamente cuando haya desacuerdos

Tú y tu pareja siempre estarán sujetos a tener desacuerdos sobre ciertas cosas. No importa cuán similares sean en sus creencias y valores, siempre habrá momentos en que sus puntos de vista colisionen.

Los desacuerdos pueden ser bastante incómodos, especialmente si te hacen sentir solo y abandonado. Cuando esto sucede, es importante recordar que tus puntos de vista son tan válidos como los de tu pareja. Incluso si ustedes no logran estar en la misma página, ambos deben estar dispuestos (al menos) a compartir sus perspectivas de una manera respetuosa.

Di solo lo que necesitas decir

Anteriormente, discutimos la importancia de tener en cuenta sólo los hechos observables. Ahora, cuando hables con tu pareja, también recuerda argumentar aplicando la regla: " Menos es mas". Di sólo lo que realmente necesitas decir y luego deténte. Deja que tu pareja asimile tu mensaje y espera a que responda antes de agregar algo más.

También es importante mantenerte enfocado cada vez que hables. Nunca traigas al presente discuciones pasadas y no te desvies del tema en cuestión.

Haga intervenciones usando la primera persona "Yo"

Cuando hagas una observación, la única perspectiva de la que realmente puedes hablar es la tuya.

Tus sentimientos y pensamientos frente a determinado asunto son las únicas cosas que puedes describir, no las de tu pareja.

No hagas declaraciones que parezcan que estás juzgando a tu pareja, por ejemplo "¡Siempre llegas tarde! ¡No valoras mi tiempo! ". En su lugar, di algo como: "Siempre termino esperando mucho tiempo, no siento que mi tiempo sea valorado". Cuando tus declaraciones giren en torno a tu perspectiva, será difícil para tu pareja discutir lo que acaba de hacer, porque te estás enfocando en cómo esa acción te hizo sentir.

Cuida tu lenguaje

Es difícil escuchar a alguien cuando sientes que te está juzgado y humillando. Por eso, para alentar a tu compañero a que te entienda, es importante utilizar el lenguaje correcto para expresar tu punto.

Esto también incluye el uso de tonos y un lenguaje corporal que no hagan sentir al otro atacado.

Si intentas poner en práctica estos consejos, inevitablemente harás que tu pareja esté más dispuesta a escucharte. Cuando ambos saben cómo escuchar y reconocer los sentimientos del otro, resolver los problemas ya no será la tarea incómoda que suele ser.

Reconocer las distorsiones cognitivas en las relaciones

Las distorsiones cognitivas son esquemas erróneos de pensamiento que vienen a la mente a la hora de interpretar un hecho. En realidad, existen diversos tipos de distorsiones cognitivas y es algo que la mayoría de nosotros hemos experimentado en un momento u otro de la vida.

Pero, si bien es muy normal tropezar con ellas de vez en cuando, estas distorsiones pueden provocar problemas mucho mayores si ocurren con demasiada frecuencia.

La ocurrencia regular de algunas distorsiones cognitivas puede sabotear las relaciones amorosas de la peor manera y, también, puede ser la causa del estancamiento en las parejas si uno o ambos compañeros no pueden liberarse de estos patrones de pensamiento.

Por esta misma razón, es importante aprender a reconocer las distorsiones cognitivas más comunes que surgen en las relaciones de pareja para que cuando finalmente puedas redirigir tus patrones de pensamiento, sea más fácil comunicar tus necesidades a otras personas (en formas que no sean tan hipercríticas o degradantes).

La sobregeneralización

La sobregeneralización ocurre cuando pensamos que " si ha ocurrido algo una vez, ocurrirá otras muchas veces ". Por ejemplo, si tu pareja llega tarde una vez, fácilmente pensarás que nunca llegará a tiempo. Esto te convierte en una persona que le gusta juzgar y se apresura a emitir ultimátums. Por otro lado, tu compañero también perderá el impulso de ser mejor, ya que crees que terminará estropeandolo todo.

La próxima vez que sobregereralices, intenta recordar los momentos en que tu pareja hizo todo lo contrario a lo que esperabas. Esto te permitirá ver la situación de una manera más objetiva y te tener una apreciación más justa de los hechos.

La personalización

La personalización ocurre cuando pensamos que todo lo que la gente hace o dice, para bien o para mal, tiene que ver con nostros; como si siempre fuéramos la causa directa del comportamiento o estado de ánimo de nuestra pareja. La verdad es que las emociones de nuestro compañero están fuera de nuestro control y tenemos que darnos cuenta de esta realidad. En ese sentido, debemos aprender a dejar de pensar que somos los únicos responsables por la forma en que nuestro compañero se siente.

El extremismo

El extremismo ocurre cuando exageramos ciertos aspectos de una situación debido a que sólo apreciamos las cosas a través de determinada perspectiva. Por ejemplo, es fácil para nosotros magnificar algo insignificante cuando estamos locos por una persona.

Fácilmente convertimos un pequeño detalle en algo fantástico o catastrófico, dependiendo de cómo nos haya afectado.

Para combatir esto, debemos aprender a mejorar nuestro vocabulario emocional y expresarnos de una manera que sea más congruente con la realidad.

Leer la mente o interpretación del pensamiento ajeno

Leer la mente consiste en interpretar las acciones basándote en especulaciones en lugar de los hechos que tienes a mano. Por ejemplo: "Ella dijo que estaba de acuerdo con eso, pero sé que no lo está". Cuando tu pareja dice algo, debes tomarlo por lo que es, a menos que demuestre lo contrario.

Digamos que tu compañero tuvo un episodio agresivo pasivo antes y ahora tú estás usando este caso para especular que estas lidiando con lo mismo otra vez. Con este ejemplo puedes darte cuenta de que no sólo estás manifestando la distorsión cognitiva de leer la mente, sino que también estás sobregeneralizando.

Este es el asunto, si los dos han hablado sobre este tema antes, entonces este caso ya debió haberse resuelto en el pasado. No utilices un "hecho" que está fuera de la situación actual para argumentar en tus discusiones de pareja.

La cruda verdad es que no puedes saber lo que realmente piensa tu pareja porque no eres él o ella. Incluso, aunque conozcas bien a tu compañero, eso no te convierte en un experto en leer sus pensamientos. Además, hasta los expertos reconocen que no lo saben todo, por eso recuerda siempre preguntar antes de adivinar.

En resumen, aprender las habilidades para una comunicación efectiva mejorará aún más los niveles de confianza y respeto que tú y tu pareja se tienen el uno por el otro. También puede minimizar la aparición de argumentos innecesarios en su relación. Si le das un alto valor a la comunicación, ésta casi siempre te garantizará que la relación durará.

Capítulo 2: La sensación de inseguridad en las relaciones

La inseguridad es impulsada principalmente por sentimientos de incertidumbre. Generalmente se activa cuando nuestra seguridad se ve amenazada de alguna manera. Por otro lado, también puede ser provocada por eventos traumáticos en nuestro pasado o nuestros sentimientos de inferioridad dentro de la relación.

En esencia, las inseguridades son mecanismos de defensa que nos protegen cada vez que recordamos nuestras malas experiencias. Si bien las inseguridades pueden parecer ineludibles a veces, éstas pueden arruinar gravemente nuestras relaciones si no logramos controlar los miedos y ansiedades que surgen de ella.

Si te preocupa que tus inseguridades destruyan todo por lo que has trabajado, relájate. Realmente tienes lo necesario para cambiar las cosas.

Aunque te advierto que los cambios no sucederán de la noche a la mañana, poco a poco podrás aprender a ser el amo de tu propia mente.

Sentir celos

Una de las formas en que la inseguridad se manifiesta en nuestras relaciones es a través de los sentimientos de celo. Cualquier persona que haya sentido celos puede decir que no son para nada un buen sentimiento. Además, el problema con los celos no es el sentimiento real en sí, sino las cosas que nos hace mental y emocionalmente.

Lo peor de todo es que los celos pueden ser bastante abrumadores, especialmente cuando nublan nuestra voluntad y lógica (Ten en cuenta que esta es sólo la parte en que nos afecta internamente).

Hay que mencionar también que en el momento en que los celos se vuelven incontrolables, nuestros miedos primarios de perder a nuestras parejas pueden convertirse en lo que las impulsa a alejarse de nosotros. Por esta razón, es fundamental entender cuál es el origen de estos sentimientos; cuando las raíces de estos malos sentimientos son claras para nosotros, podemos finalmente aprender a manejar los celos de formas mucho más saludables.

¿Por qué nos ponemos celosos?

Las investigaciones revelan que los celos están relacionados con bajos niveles de autoestima. Además, las desventuras que vivimos en el pasado pueden disparar nuestros sentimientos de inseguridad y celos en nuestras relaciones actuales. De manera que cuando se presentan algunas de estas causas, nuestra voz interior, que es demasiado crítica, se pone a toda marcha dificultando el manejo de la situación.

A continuación, te ofrezco una serie de consejos que pueden ayudarte a responder a los estímulos de una manera más saludable y mejor.

Examina el SIFT del asunto

SIFT es un acrónimo anglosajón que significa sensaciones, imágenes, sentimientos y pensamientos. Cuando surgen los sentimientos de celos, se recomienda examinar los SIFT del asunto en cuestión. Pregúntate a ti mismo: ¿Qué mueve dentro de ti este asunto? ¿Te recuerda algo de hace mucho tiempo, por ejemplo las viejas dinámicas familiares o tal vez una autoimagen negativa que no parecía figurar sino hasta ahora? Cuanto más nos demos cuenta de cómo estos sentimientos se relacionan con algo de nuestro pasado, entenderemos mejor con qué nos enfrentamos en el presente.

Sé menos duro contigo mismo

No importa qué tan intensos sean tus celos, recuerda que siempre hay una manera de "volver a la realidad" para no perder el control de tus emociones. El primer paso para volver a la realidad es aceptar tus sentimientos por lo que son sin flagelarte.

A continuación, encontrarás algunas formas de calmarte antes de reaccionar a una situación. Por ejemplo: respirar profundamente o salir a caminar son excelentes maneras de calmarte; escuchar música de ritmo lento o relajante también puede ayudarte a sobrellevar mejor los sentimientos negativos. Mientras no cedas a las apreciaciones de tu voz crítica interior, te será más fácil ver las cosas con claridad.

Piensa antes de actuar

Tu crítico interno siempre estará listo para abalanzarse sobre ti cada vez que te sientas herido. De hecho, estos son los momentos en los que él cobra más vida. Por ejemplo, cuando pierdes el autocontrol, inmediatamente te dan ganas de rendirte o dejar de esperar lo mejor y, en consecuencia, haces cosas de las que posiblemente te arrepentirás más adelante, como arremeter y acusar a tu pareja por lo todo.

Entonces, cuando llegues a este punto, es importante dar un paso atrás y distanciarte de la situación antes de actuar por impulso.

Construyete a ti mismo

Una de las razones por las que nos sentimos tan celosos es porque, en primer lugar, no nos sentimos bien con nosotros mismos. Nos perdemos en muchos ciclos de odio hacia nosotros mismos hasta el punto de convertirnos en monstruos.

Afortunadamente, podemos evitar que esto suceda si nos involucramos en nuestra auto- superación.

Estar conscientes de nuestros sentimientos puede ayudar mucho, pero también debemos dar los pasos necesarios para cambiar nuestros pensamientos y comportamientos. Para ello, aprender nuevas habilidades es una manera de lograrlo ya que no sólo agrega valor a tu vida, sino que también aumenta tu confianza en ti mismo durante el proceso.

Aprender a lidiar con los celos de manera exitosa requiere de nuestra disposición para enfrentar a nuestro crítico interno y luchar con todas las inseguridades que nos muestra.

Además, necesita de un mejor sentido de autocontrol para evitar que actuemos de acuerdo con nuestros sentimientos. Cuando hacemos el esfuerzo por cambiar la forma en que manejamos los celos, podemos sentirnos más seguros con nuestras parejas y con nosotros mismos.

Los problemas de infidelidad (o la posibilidad)

Sospechar que tu pareja te está siendo infiel es uno de los peores sentimientos que puedes llegar tener. Incluso, no poder eliminar las punzadas que sientes en el estomago, a pesar de tus intentos por racionalizar las situación, es verdaderamente horrible. Lo peor de todo es que aunque todavía no tengas una prueba sólida de la infidelidad, estos sentimientos perturbadores pueden afectar tu estado mental y emocional.

En este punto, tu intuición puede ser correcta o incorrecta y vuelve esta situación aún más delicada. Sin embargo, no olvides que si estos sentimientos están allí, es por alguna razón.

Desde una perspectiva evolutiva, los seres humanos tenemos una especie de campana de advertencia que se dispara dentro de nosotros cuando hay posibles amenazas en nuestro entorno; es la forma en que nuestro cuerpo nos dice que algo no está bien.

Si sientes sospechas de una posible infidelidad, es importante que no las ignores, pero tampoco corras a sacar conclusiones. Si deseas salir de esto con el menor daño posible para ti y la relación, debes seguir los siguientes pasos con cuidado y precaución.

Sospechar una infidelidad

- Prepárate para la posibilidad de que tus instintos sean ciertos.

Ya que la idea sobre una posible infidelidad está en tu mente, no te hará nada bien que la ignores.

En este sentido, no te inventes excusas, porque eso sólo significa que estás siendo inseguro e irracional. En cambio, por difícil que sea, prepárate para enfrentar la posibilidad de que tu pareja pueda estar engañándote.

- Analiza lo que ya sabes y reúne más evidencia

Estudia todas las cosas que sabes y escríbelas. Si tu pareja te ha estado engañando, cambiará constantemente sus historias sin darse cuenta (Este consejo te ayudará a conectar piezas más adelante).

Luego, si observas alguna inconsistencia, reúne más pistas, pues tener una referencia de todos los pequeños detalles aparentemente inconsecuentes pueden ayudarte a evaluar si las historias de tu pareja tienen sentido o si son sólo excusas.

- Habla con tus amigos de confianza

En estas situaciones, es importante buscar segundas opiniones de tus amigos más confiables, puesto que tu cordura y tu relación amorosa están en juego. Necesitarás a alguien que pueda ayudarte a razonar.

La perspectiva de una tercera persona puede ayudarte a interpretar la información que has recopilado. Además, si tus sospechas terminan siendo ciertas, será mucho más fácil compartir tu dolor con alguien que ya conoce tu historia.

- Confronta a tu pareja de una manera no agresiva

No confrontes a tu pareja hasta que estés seguro de que todas las evidencias apuntan a su infidelidad.

Si, por el contrario, de una vez te topas con evidencias claras que realmente confirman que tu pareja te está siendo infiel, no tendrás más remedio que prepararte para una confrontación aunque la sola idea te haga sentir mal.

Por supuesto, sacarle la verdad a alguien que no ha estado siendo honesto contigo no será fácil. Después de todo, nadie quiere admitir que ha hecho algo que está mal. Por otro lado, si estás pensando en dotarte con armas verbales para confrontarlo, detente ahora.

En este escenario, no es recomendable combatir el fuego con fuego debido a que tu compañero infiel, al darse cuenta de que tienes conocimiento del asunto, sólo estará más decidido a buscar formas de protegerse y ocultarte más cosas.

Asegúrate de propiciar la situación de una manera que hagas sentir segura a tu pareja, ya que ella no será honesta contigo si se siente atacada desde el principio.

Sí, es comprensible que tu pareja no merezca tu amabilidad en este momento, pero tienes que exhibir un autocontrol emocional si quieres extraer toda la verdad, arreglar las cosas y seguir adelante. Recuerda que sólo puedes fomentar la honestidad en tu compañero, haciendo que se sienta seguro para decirte la verdad.

Lidiar con las consecuencias

Las aventuras se complican especialmente cuando el secreto queda revelado y, aunque el mayor dolor lo siente la persona que ha sido traicionada, las otras partes también están lidiando con el daño. Todas las personas involucradas no pueden evitar experimentar dolor, aunque en diferentes grados.

- El compañero traicionado

Aunque te hayas preparado mentalmente para esta realidad, nada podría haberte preparado para la devastación real que la infidelidad provoca. Todo tipo de sentimientos surgen y no sabes cómo tratar con todos ellos, te obsesionas con los detalles de la aventura de tu pareja y no haces más que cuestionar tu valor.

Aunque es más fácil decirlo que hacerlo, necesitas encontrar formas saludables de cambiar tu enfoque.

Puedes intentar haciendo ejercicio, leyendo libros, recibiendo un masaje, haciendo caminatas, cualquier cosa buena que pueda ayudarte a dejar de pensar en el dolor.

Lo más importante es que debes dejar salir tus sentimientos.

Puedes hablar con tus amigos de confianza acerca de lo que sientes; si te incomoda compartir tu vida privada con tus amigos, considera hablar con un terapeuta o un coach de relaciones capacitado. También puedes optar por escribir todo en un diario, lo importante es que necesitas una salida para tus dolores.

El simple hecho de hablar sobre lo que sucedió puede quitarte un peso enorme de tu espalda —esto es algo que realmente necesitas en este momento de tu vida—. Tus emociones están a flor de piel en este momento y necesitas un sistema de soporte confiable para mantenerte sano. Si deseas acelerar el proceso de curación, segúrate de tener lo siguiente:

-Apoyo moral y motivación positiva.

-Tiempo para procesar lo que pasó.

-Alguien que esté dispuesto a escuchar y empatizar.

-Asesoramiento práctico, preferentemente de un experto o un terapeuta.

-Autocompasión y comprensión.

- El compañero infiel

Cuando te descubran, tendrás que enfrentar la embestida de emociones de tu pareja que, de seguro, tendrán la inestabilidad de una montaña rusa —Es natural—. Un romance extramarital es la máxima muestra de traición a la confianza en cualquier relación monógama. En este sentido, te recomiendo que seas cauteloso con tu tendencia a racionalizar la aventura y autocompadecerte. Sólo empeorarás las cosas si intentas defender lo que acabas de hacer.

Seamos realistas, te has puesto en una posición bastante desventajosa e incómoda, por lo que hacer otra cosa mal puede llevarte a una fosa todavía más profunda. Te recomiendo hacer las siguientes cosas:

-Reconoce tu falta : Sé responsable por lo que hiciste. Si tu pareja tiene preguntas, responde honestamente sin estar a la defensiva o culparla por lo sucedido.

-No huyas de tus errores: Los infieles se vuelven demasiado defensivos o pasivos cuando el asunto está expuesto. No caigas en esta trampa, enfrenta el desastre que causaste para minimizar las posibilidades de sufrir después de la aventura.

-Hazte una autoevaluación honesta: Pregúntate por qué decidiste ser infiel a las primeras de cambio. Muchas personas tienen problemas internos y en sus relaciones de pareja, pero no cometen una infidelidad con el pretexto "arreglar" las cosas.

Analiza tus "razones" y sé transparente.

-Aguanta : Simplemente no puedes escapar de algo que causaste. Si tuviste la fuerza para crear esta tormenta, también tienes la fuerza para superarla.

- El tercero involucrado

Seamos honestos, tienes la peor posición en esta situación, debido a que nadie se involucra en una relación "sin saber". Además, ya sabes lo hostiles que pueden ponerse las personas cuando descubren que un tercero se ha involucrado con una persona casada o comprometida.

En verdad, nadie puede culpar a la persona engañada por ser tan rápida para juzgar. Después de todo, tu te permitiste formar parte de algo que causó mucho dolor a los demás.

Recuerda que recibiste la nota de que la persona con la que estás saliendo estaba comprometida y aún así siguiste adelante con este desastre. Incluso si lograses apartar a la persona de su actual pareja, ¿realmente crees que una relación basada en el engaño durará de la manera que esperas?

Probablemente, que se haya descubierto el romance sea lo mejor que puede pasar, especialmente para ti. Hazte las siguientes preguntas: ¿Debería perder más tiempo en una relación que se siente emocionante y sin embargo, está constantemente en un punto muerto? ¿Vale la pena la emoción? Este podría ser el mejor momento para reorientar tu brújula de moral y que puedas tomar decisiones más acertadas en el futuro.

Llegar a la raíz de las inseguridades

El miedo es la fuerza impulsora de todas las inseguridades.

Cuando una persona se siente insegura con respecto a su relación, generalmente se debe a que tiene miedo de que la misma llegue a su fin o de hacer algo que pueda ponerla en peligro. Esta es la razón por la que lidiar con las inseguridades en las relaciones es tan estresante para ambos miembros de la pareja.

La persona que siente inseguridad no quiere lidiar con ese sentimiento un minuto más, mientras que el otro miembro puede sentirse frustrado porque no entiende lo que está causando toda esta angustia. De ahí que, es importante conocer las posibles raíces de las inseguridades. Cuando nos enteramos de dónde podrían provenir nuestras ansiedades, podemos hallar las herramientas que pueden ayudarnos a enfrentar mejor nuestras inseguridades.

Los problemas de apego infantil

Nuestra infancia puede parecer muy lejana ahora, pero nuestra vida temprana juega un papel muy importante en nuestra capacidad de sentirnos seguros durante la edad adulta. Si nuestros padres o cuidadores nos alzaban regularmente cuando llorábamos, aprendimos que de esta manera nos sentíamos seguros, sabíamos que nuestras necesidades serían atendidas en un momento adecuado.

Sin embargo, si nadie nos alzaba, tendíamos a sentirnos ansiosos porque no estábamos seguros de cuándo nuestras necesidades serían satisfechas o de si alguna vez se satisfarían. Si es de esta forma como nos trataron mientras crecíamos, eventualmente estos hábitos se traducirán en inseguridades en nuestras relaciones adultas.

Historia de malas relaciones

Las personas que han pasado por malas relaciones pueden sentirse inseguras en sus futuras relaciones. Incluso, pueden tener problemas de confianza si esas relaciones pasadas han sido abusivas y traumáticas. Desafortunadamente, estas experiencias hacen que piensen que todas sus relaciones terminarán eventualmente de la misma manera.

Por supuesto, esto sólo ocurrirá si las personas no aprenden de los errores de sus relaciones pasadas. Es importante resaltar que es posible liberarse de este ciclo, pero llevará un tiempo y un trabajo serio superar estas autopercepciones limitantes.

Los pensamientos erróneos causados por distorsiones cognitivas

En el Capítulo 1, hablamos sobre las distorsiones cognitivas y el papel que desempeñan para sabotear las relaciones de pareja. Las distorsiones cognitivas hacen que las personas piensen de determinada manera debido a que ellas no han encontrado una manera de deshacerse de creencias arraigadas durante mucho tiempo y no logran pasar la página con respecto a sus decepciones amorosas. Como es de esperar, estas distorsiones hacen sentir a la persona insegura incluso si finalmente está saliendo con alguien que es bastante diferente de las personas que la trataron mal.

Los problemas sin resolver en la relación

Las inseguridades también pueden provenir de problemas dentro de la misma relación.

Por ejemplo, una persona puede notar diferencias leves pero irritantes en el comportamiento de su pareja durante las últimas semanas. En este caso, es importante que entre en juego el poder de la comunicación efectiva.

Posiblemente, la verdadera fuente de nuestras inseguridades no las conoceremos en un día, ya que han han demorado años para que se arraiguen en nuestro sistema.Pero, si nos esforzamos por descubrir el origen de estas inseguridades, será más fácil para nosotros sacarlas de raíz.

Manejar los sentimientos de inseguridad

Ninguna persona en este mundo ha tenido la suerte de nunca haber padecido de sentimientos de inseguridad. Es más, aquellas personas que parecen estar tan seguras de sí mismas es porque se han vuelto mejores para lidiar con sus inseguridades o simplemente están haciendo un gran esfuerzo para esconderlas.

Un mundo repleto de redes sociales también influye en la capacidad de las personas para manejar sus inseguridades. Por supuesto, las redes sociales tienen sus beneficios: nos han facilitado ponernos en contacto con otras personas alrededor del mundo. Sin embargo, estas han sido programadas de tal manera que hace que las personas busquen la aprobación de otros en forma de "me gusta" y "retweets" y, por si fuera poco, a menudo asociamos un gran número de "me gusta" y "retweets" con el hecho de ser realmente agradables o desanimandonos cuando no alcanzamos la cifra soñada de "me gusta".

En la sección anterior, conocimos algunas posibles causas de nuestras inseguridades. Ahora es el momento de comenzar a trabajar en el manejo de ellas para que finalmente podamos ser la persona (y pareja) con la que siempre hemos soñado.

Dejar el Pasado Atrás

Si tus inseguridades tienen su raíz en las críticas hechas por los miembros de tu familia o figuras de autoridad cuando eras más joven, reconoce este hecho. Luego, por difícil que parezca al principio, perdónalos por lo que han hecho.

Ciertamente, nadie debería ser excusado por tratarte mal, pero ten en cuenta que estas personas lo hicieron porque ellas también se sentían inseguras. Estas personas tienen dificultades para luchar contra sus propios demonios internos y por mala suerte proyectaron sus miedos sobre ti. Lo que hicieron definitivamente no estuvo bien, pero tampoco sería bueno que tu rabia hacia ellos te gobernara durante toda tu vida. Entonces, de forma progresiva intenta dejar el pasado atrás, hazlo a tu propio ritmo.

Acepta cada aspecto de ti mismo

Ahora es un buen momento para evaluarte completamente. Así que toma nota de todos los aspectos de ti que no te gustan, examinalos a nivel externo e interno y, observa aquellas partes imperfectas que aún merecen un poco de amor.

Piensa en todas las personas que amas. Puede que no sean perfectas, pero aún así los amas. Esto se debe a que sus imperfecciones los hacen únicos y sus aspectos positivos compensan enormemente sus lados no tan buenos; debes aprender a sentirte de esta manera.

Deja de compararte con los demás

Compararte constantemente con los demás es una de las maneras más rápidas de sabotearte y desmoralizarte.

Ten en cuenta que todos estamos corriendo nuestra propia carrera en la vida. Si conviertes la vida de otras personas en tu medida estándar para vivir tu propia vida, nunca estarás satisfecho. Una parte de ti siempre querrá lo que alguien más tiene.

Compararse con otras personas es como comparar manzanas con naranjas. Las comparaciones sólo afectarán tus posibilidades de encontrar la felicidad en tu propio y único camino. Lo que puedes hacer es siempre sentir felicidad por las victorias de los demás sin presionarte por llegar a donde ellos están.

Manten la creencia de que las cosas malas no durarán

Aprender a ser feliz consigo mismo lleva tiempo, especialmente si nunca has sabido amarte y aceptarte por lo que eres.

Para avanzar, primero debes desarrollar confianza en cada momento que pasa y creer que las cosas eventualmente estarán bien. Al aprender a creer que las cosas malas pasarán, tú mismo te darás esperanza para los próximos días.

Si estamos acostumbrados a pensar que "las cosas buenas no duran", tal vez, también deberíamos poner las "cosas malas" en el mismo nivel. A veces puedes sentir que tus problemas no tienen fin, pero tienes que creer en este momento (En el preciso momento en que leas esto) que tus problemas terminarán algún día. Pero, recuerda que esto sólo sucederá si dedicas tiempo a trabajar en ti mismo.

No tienes que hacer todo lo que has leído aquí de una vez, pues implicaría demasiado trabajo en muy poco tiempo.

Puedes comenzar enfocándote en un solo aspecto personal (por ejemplo, la autoaceptación) y luego trabajarlo hasta que ya no tengas que decirte conscientemente qué hacer, hasta que se convierta en una parte natural de tu vida.

Puede que no sea fácil superar los abrumadores sentimientos de auto-insatisfacción, pero este es el camino que debes tomar. Tienes que enfrentar valientemente las cosas con las que estás luchando y aprender cómo puedes lidiar con ellas.

Con suficiente tiempo, eventualmente podrás ver que tus imperfecciones e inseguridades son oportunidades para convertirte en una versión redefinida de ti.

Capítulo 3: La importancia de la validación

La validación es una forma de retroalimentación que le dice a otras personas que valoramos sus palabras y acciones. La validación demuestra a las personas que las escuchamos claramente y entendemos lo que quieren decirnos. A través de ella mostramos a los demás que apreciamos todos sus esfuerzos y reconocemos sus logros y, que aunque no estemos de acuerdo con sus opciones de vida, reconocemos su posición y las respetamos a pesar de las diferencias.

Del otro lado del espectro, tenemos la invalidación o no reconocimiento, la cual consiste en no darle importancia a lo que otros piensan, dicen, sienten o quieren.

Los rasgos de esta forma de retroalimentación generalmente pueden estar implícitos cuando usamos declaraciones como:

- "¿A quién le importa?"

- "Estarás bien. ¡Estás exagerando!"

- "Oh, vamos, tú otra vez. ¡Te dije que no es nada!"

- "¡Rayos. No sabes lo que estás diciendo!"

Todas estas afirmaciones pueden hacer que una persona cuestione la profundidad de sus sentimientos:"¿Estaré exagerando? ¿En verdad las cosas no son tan graves como pienso? ¿Debería ser menos sensible y aguantar? " Estas son algunas de las cosas en las que las personas suelen pensar cuando son invalidadas constantemente.

La necesidad de sentirse comprendido

Hay algo satisfactorio en la forma en que otros dicen "¡Exactamente!" cuando explicamos lo que estamos pasando. No obstante, aunque las personas están programadas para desear la aceptación, el aprecio, la aprobación, el reconocimiento y el amor, en realidad puede ser mucho más importante obtener de vez en cuando la comprensión de otra persona.

Cuando las personas que nos importan no nos entienden, todas las otras cosas que ellos nos dan nos parecen completamente inútiles. Nos preguntamos si sus "preocupaciones" realmente pueden significar algo cuando nisiquiera se dan cuenta de cómo nos sentimos y pensamos. En el mejor de los casos, la invalidación puede hacer que te sientas solo, irritado e incómodo pero, en el peor de los casos, puede hacer que te sientas vacío e irremediablemente separado del resto del mundo.

Estos sentimientos de desolación sólo pueden empeorar el abatimiento y el vacío que ya sentimos por nosotros mismos. Cuanto más tiempo permanecemos en este estado, más indefensos y apartados nos volvemos, lo que nos deja más vulnerables a los pensamientos que en determinado momento nos pueden matar —literalmente—.

Si estamos en una relación romántica, sería difícil para nosotros seguir enamorados de alguien que constantemente nos malinterpreta. Si lo pensamos bien, ¿cómo podemos tener un futuro con una persona que simplemente no "entiende" quienes somos en realidad?

Los malos entendidos pueden crear fácilmente una ruptura entre dos personas, incluso si ya son novios o cónyuges.

Si esto sucede con demasiada frecuencia, a menudo nos abstendremos de expresar nuestras necesidades.

Además, consideraremos como amenazas para nuestros sentimientos de seguridad a todos aquellos que no nos entiendan puesto que no podemos contar con ellos para que nos apoyen.

El sentido de identidad

Cuando otras personas pueden vernos de la forma en que queremos que nos vean, fortalecemos nuestro sentido de identidad. Hay un sentimiento gratificante cuando los demás nos reconocen por lo que decimos que somos; nos permite desarrollar un sentido de unidad con otra persona, aunque podamos tener algunas diferencias.

Ser capaces de construir nuestro sentido de identidad esencialmente nos permite sentirnos seguros de ser nosotros mismos; nos permite desarrollar el tipo de autoaceptación que es necesaria para sentirnos seguros con lo que somos como personas y con lo que somos dentro de nuestras relaciones amorosas.

En resumidas cuentas, creemos en las habilidades y cualidades únicas que ponemos sobre la mesa y, lo mejor de todo, los demás también lo creen.

La existencia confirmada

Junto con la necesidad de establecer conexiones humanas, viene la necesidad de "sentirnos reales". Esto significa que estamos buscando la confirmación de que alguien más nos ve para que no quede ninguna sombra de duda de nuestra existencia. En ese sentido, a veces puede ser necesario recibir algún tipo de validación externa de otros. La analogía es la siguiente, si nadie nos entiende, podría ser igual a no haber existido nunca.

En realidad, ese puede ser un pensamiento bastante aterrador para guardar y, aunque no debemos vivir nuestras vidas dependiendo de la validación de otra persona, a veces sólo necesitamos escuchar que no somos inútiles, que tenemos algo que está funcionando para otros y que de alguna manera está enriqueciendo sus vidas.

Más grande que…

Buscar la confirmación de nuestra existencia se debe principalmente al deseo de formar parte de algo más grande que nosotros mismos. Por lo general, es a través de este tipo de existencia compartida que podemos ampliar nuestra percepción de las cosas, sentir que ya no estamos atrapados en nuestra propia burbuja y que ya no estamos viviendo en un atolladero.

En consecuencia, el mundo de repente se convierte en un lugar más grande debido a las historias de otras personas.

Buscar ser parte de algo más grande le da significado a nuestras vidas porque de esta manera desarrollamos nuestro sentido de propósito. De repente, ¡un día despertamos y todo hace click! Ahora no sólo estamos viviendo para nosotros mismos, sino también para las personas, las causas, los principios y los ideales que realmente nos interesan. Ser parte de algo más grande mejora nuestro sentido del yo, porque aprendemos a valorarnos más y a soñar con ser mejores.

Un mejor autoentendimiento

Las personas que hacen su mejor esfuerzo por entendernos, pueden ayudarnos a comprendernos mejor a nosotros mismos.

De hecho, un buen oyente siempre intentará verificar lo que estamos tratando de decir y, si aprovechamos las preguntas de seguimiento que nos hacen, estas pueden señalar cosas de las que no nos habíamos dado cuenta cuando formulamos nuestros pensamientos por primera vez.

Tener un mejor sentido de autoentendimiento puede hacer que nos sintamos empoderados, ya que somos más conscientes de lo que nos hace ser quienes somos. Además, otras personas estarán más dispuestas a aceptarnos y a reconocer nuestras ideas e intenciones.

Por otra parte, nos impulsa a perseguir las cosas que queremos porque otras personas entienderán lo que significa para nosotros. También, será más probable que nos sintamos motivados al saber que a los demás les importa lo que queremos.

Relaciones amorosas más satisfactorias

Sabernos comprendidos nos permite relacionarnos con los demás de una mejor manera, esto se debe a que hemos aprendido a sentirnos cómodos cuando nos abrimos y nos exponemos (Ya no es una idea aterradora para nosotros). Así mismo, cuando los demás notan lo "valientes" que somos al mostrar nuestras vulnerabilidades, generalmente los estimulamos a hacer lo mismo y les generamos un sentido de seguridad en nuestra compañía.

Sentirnos comprendidos nos conlleva a mostrar a los demás las versiones más verdaderas de nosotros mismos; ya no nos molestaremos en ocultar nuestros defectos porque los hemos aceptado como parte de lo que somos — partes que pueden ser imperfectas pero que siempre lucharemos por mejorarlas —.

Todo esto crea una vía para la honestidad y la confianza y, como resultado, fomenta conexiones más profundas que son necesarias para construir relaciones satisfactorias.

Algunas ideas erróneas sobre la validación

La parte de la validación que consiste en la "aceptación" y en el "no juzgar" da a las personas una idea equivocada que promueve la indulgencia y la permisividad, ideas bastante desarcertadas del concepto en cuestión. La validación no significa necesariamente que apruebas lo que la otra persona está diciendo o haciendo. El hecho de reconocer lo que cada quien dice o hace no equivale a elogiar, tranquilizar o a estimular. Definitivamente, la validación no tiene que ver con reforzar las malas conductas.

Más bien, la validación es una herramienta de comunicación importante que te ayuda a mostrar a otras personas que estas escuchando lo que te están diciendo; les estás dando la oportunidad de tener un discurso razonable contigo, incluso si no estás de acuerdo con ellos.

Por ejemplo, tu amigo se molestó e hizo algo malo en consecuencia. Validación significa comunicarles que no estás de acuerdo con sus medios, pero que entiendes completamente por qué se comportaron de la manera en que lo hicieron. También consiste en ver las cosas a través de sus ojos sin pedirles que dejen de sentir lo que sienten o avergonzarlos por la forma en que sintieron y actuaron.

¿Cómo la validación puede mejorar tus relaciones?

El deseo de encajar es un aspecto fundamental del ser humano y, aunque podemos aprender a ser felices por nosotros mismos, la necesidad de conectarnos con los demás no deja de inquietarnos. Siempre que queremos conectar tendemos a buscar formas de sentirnos validados y asi evitar sentirnos solos. Al buscar la validación queremos recordar que aportamos algún tipo de valor único a la vida de las personas.

Por otro lado, ser invalidados puede hacernos sentir invisibles y que todo lo que digamos no vale la pena escucharlo. También puede hacernos sentir que no tenemos mucho valor para la persona con la que estamos conversando; nos sentimos irrespetados y despreciados, como si no fuéramos lo suficientemente buenos para nada. Por supuesto, nadie quiere sentirse de esta manera por lo que aprender a validar a otros (y a ti mismo) es una buena inversión para tus relaciones actuales y futuras.

Comunicación abierta y honesta

Es más probable que nuestras parejas compartan sus verdaderos sentimientos cuando no hay censura o juicio de nuestra parte. Sin embargo, si siempre estamos ansiosos por atacarlos, es posible que simplemente se cierren y huyan de la situación o, estén alertas para defenderse de nuestros ataques verbales en lugar de admitir que están equivocados — en caso de que realmente lo estén —.

Por fortuna, la validación podrá ayudarnos a evitar el tipo de desenlaces que mencionamos anteriormente. Cuando las personas se sienten validadas incluso en medio de un conflicto, podrán permanecer calmadas y receptivas frente a la otra persona.

Se puede decir que esta es la mejor manera de alcanzar un buen compromiso entre las dos partes; cuando validas a tu pareja, es más fácil para ella dejar de lado el temor a decepcionarte o a sentir que no son lo suficientemente valiosos.

El discurso inteligente

Tener una mente abierta y escuchar atentamente a tu pareja puede revelar los detalles que son importantes para ella. Al validar a tu pareja de esta manera, puedes conocer realmente lo que hay en su cabeza, dándote una mejor visión de la situación. Escuchar atentamente sienta las bases para que se produzca un discurso fructífero donde nadie tiene miedo de que accidentalmente se diga algo incorrecto.

Establecer conexiones emocionales más fuertes

Cuando demuestras que entiendes efectivamente las opiniones de tu pareja sobre un tema determinado, estas diciendole que realmente te preocupas por ella y por su bienestar general. Le estás mostrando que tú eres alguien con quien puede contar fácilmente cuando el peso que lleva sobre sus hombros es demasiado.

Hacerle saber a tu pareja que tienes un interés genuino en su vida puede ser muy gratificante. Incluso, a veces puedes demostralo sin decir una sola palabra, sólo tomando su mano, dandole un abrazo o haciendo algo que realmente le muestre que la escuchaste.

Por ejemplo, si tu pareja está camino a casa desde el trabajo y te comentó a través de un mensaje de texto lo hambriento que estaba porque tuvo un día muy ocupado en la oficina, puedes sorprenderlo con su comida favorita.

Definitivamente, este el tipo de respuesta que le permitirá saber que lo escuchas.

El aumento de la confianza es igual a la disminución de los conflictos

Cuando las personas se sienten seguras de ser quienes son, el nivel de confianza dentro de una relación aumentará. Esto se debe a que haces sentir a tu pareja cómoda para expresarse de la manera que quiera, de la manera que sea saludable para ambos. Con esto, tu pareja sabrá que tienes buenas intenciones, sin importar lo que pase.

La validación también puede minimizar los conflictos porque nadie está discutiendo si es correcto o incorrecto sentir ciertas cosas, no se están juzgando los sentimientos de molestia o enojo. Es una forma útil de disipar el enojo de tu pareja, aunque es posible que tengas que ser paciente si eres la causa de su rabia.

También es importante señalar que la validación no es un boleto gratis para que tu pareja descargue su enojo constantemente contigo (y viceversa). Sólo le estás informando que te preocupas lo suficiente por la relación, incluso si no estaás en la misma página que ella. Si a tu pareja siempre se le recuerda esto, la mayoría de las veces, surgirán menos desacuerdos.

Aprecio y respeto

La validación ayuda a las personas a sentirse seguras sobre su valor.

Al validar a tu pareja, confirmas que realmente te das cuenta de lo que ella vale y que la admiras por las cosas en la que es buena (Tu pareja inmediatamente sabrá que no la estás adulando).

Si tu pareja se siente apreciada y respetada, estará más motivada para esforzarse en mejorar. Te darás cuenta que cada vez que aprende algo nuevo y se enriquece, no son los únicos que ganan, sino también todos a su alrededor. Se produce un efecto domino que construye a todos.

Aprender a validar a tu pareja

Cuando buscamos maneras de nutrir nuestra relación, muchas veces las primeras ideas que vienen a la mente son cosas tangibles. Algunos ejemplos comunes incluyen hacer una reservación en un restaurante especial, hacer obsequios, organizar una noche íntima, programar una actividad divertida para el fin de semana, escaparse juntos un día — básicamente, cualquier cosa especial que el dinero pueda comprar—.

Todas estas pueden ser excelentes maneras de demostrar que estás pensando en tu pareja, pero cuando se trata de fortalecer tu conexión con ella, hay una mejor manera de hacerlo.

El secreto está en , lo has adivinado bien, proporcionar validación. En lugar de concentrar toda tu energía en pensar en lo que tú y tu pareja deberían hacer juntos, es más provechoso pensar en cómo puedes mejorar la forma en que ambos interactúan entre sí.

Por supuesto, no hay que descartar el hecho de que los elementos tangibles son una excelente manera de demostrar afecto, pero la validación constante hacia el otro es realmente la mejor manera de mejorar y asegurar aún más tu relación.

Las relaciones más exitosas duran porque las parejas pueden compartir sus pensamientos más íntimos e invitarse entre sí a sus mundos internos.

Completar tus interacciones con la validación llena tu relación con intimidad y confianza, los ingredientes principales que hacen que las personas se queden de por vida.

Escuchar y validar a tu pareja de manera efectiva te proporcionará algunos elementos importantes que, si los tomas en cuenta para guiar las conversaciones de pareja, notarás definitivamente una gran mejora en la forma en que interactúas con ella.

La escucha activa

Como lo sugieren las palabras, la escucha activa consiste en prestar total atención a tu pareja. También implica evitar juicios de valor, prejuicios y reacciones al tema—lo que puede ser mucho más difícil de lo que parece—.

También supone dejar de lado tus impulsos para "arreglar" la situación y ofrecer consejos "útiles". Fíjate en las palabras que ponemos entre comillas, fueron escritas de esa manera porque, cuando accionamos, casi siempre es contraproducente. A veces, nuestros intentos de ayudar pueden empeorar las cosas.

A las personas que ya se sienten mal no les gusta que les digan lo que deben hacer, a menos que te pidan un consejo específico.

Te sugiero que pongas los pensamientos y sentimientos de tu pareja en tu foco de atención en lugar de opacarlos con tus opiniones; ignora la necesidad de hablar sobre tus pensamientos y concéntrate en lo que le está pasando tu pareja.

Algunas de las formas en que puedes demostrar a tu pareja que estás escuchando son:

-Dejar lo que sea que estés haciendo.

-Dar la cara cuando ella/ él esté hablando y manteniendo contacto visual.

- Asentir con la cabeza para mostrar que estás tratando de seguir sus pensamientos.

Reconocimiento y aceptación

Consiste en darle a tu pareja el espacio y el tiempo que necesita para sentir lo que sea que esté sintiendo. No dices cosas para animarla o cambiar la situación, más bien le muestras que este es su momento para lamentarse y sentirse enfadado. Algunas cosas que puedes decir incluyen:

- "Veo que definitivamente estás enojado".

- "Hmm, pareces muy devastado por eso".

- "Te ves desanimado".

Básicamente, sólo estás expresando sus sentimientos en palabras (Dependiendo de cómo notes a tu pareja). Esta forma de reaccionar puede ayudar a tu compañero a procesar mejor lo que siente o darle la oportunidad de aclarar su mente.

Preguntas de sondeo

Si tu pareja te comparte un problema complicado, intenta saber más sobre cómo se siente haciendo algunas preguntas de sondeo. Cuando haces preguntas, le das la oportunidad a tu pareja de reflexionar sobre la situación. Además, hacer preguntas producen otros dos resultados.

Primero, tu pareja notará que estás realmente interesado y lo harás sentir realmente feliz — incluso si no es obvio en este momento —. Segundo, tus preguntas pueden conducir a tu pareja a ideas en las que no habian pensado antes. Algunos ejemplos de preguntas de sondeo son:

- "¿Cómo reaccionaste?"

- ¿Cómo te sientes al respecto?

- ¿Qué es lo que deseas que suceda?

- "¿Qué opciones has considerado hasta ahora?"

- ¿Has hablado con las personas involucradas? ¿Qué dijeron?

Expresiones de entendimiento

El último aspecto para proporcionar validación es responder con afirmaciones que muestren a tu compañero que has comprendido lo que te acaba de describir. Algunas afirmaciones de validación que puede decir son:

- "Dada la situación, creo que es totalmente comprensible que te sientas así".

- "Wow, eso fue realmente malo. No es de extrañar que estés enojado ".

- "¡Si eso me pasara a mí, me sentiría de esa manera también!"

También puedes hacer uso de señales no verbales para validar a tu pareja. A veces, las pequeñas acciones dicen más que mil palabras. Sentarse más cerca de él/ ella y abrazarlos cuando están tristes, darles su comida favorita cuando están molestos, o simplemente darles espacio para arreglar las cosas pueden ser suficientes para demostrar que realmente lo/la entendiste.

La empatía es todo lo que necesitas

La empatía es la capacidad de sentir o comprender los sentimientos de otra persona, y la disposición a ver las cosas desde su perspectiva. Cuanto mejor seamos en la práctica de la empatía, mejor podremos validar a quienes amamos.

La empatía más la validación es realmente una combinación clave para mantener las relaciones armoniosas.

La sensación de paz que produce no solo reduce tremendamente el estrés, sino que también mejora nuestra conciencia emocional.

Por simple que parezca, expresar empatía puede ser una habilidad difícil de dominar. Decimos que es una "habilidad" porque requiere práctica, paciencia y esfuerzo consciente para volverse realmente bueno en eso. Y, como somos los seres sociales, desafortunadamente no es algo que sea natural para la mayoría de nosotros.

¡No trates de arreglar sus sentimientos!

Empatizar es fácil cuando tu pareja se siente bien. Sin embargo, se vuelve difícil cuando tu compañero carga a cuestas sentimientos negativos: tristeza, enojo, culpa, etc. Según el Dr. Rosenberg, uno de los defensores más importantes de la comunicación no violenta, puede ser más difícil empatizar con nuestros seres queridos durante los momentos dificiles. ¿Por qué es así?

Aparentemente, el cariño que sentimos por la pareja también es lo que nos impide empatizar efectivamente con ella. Nuestras preocupaciones usualmente nos empujan a minimizar sus sentimientos negativos tanto como sea posible debido a que no queremos que sufran y, de esta manera, a menudo invalidamos a nuestra pareja sin realmente querer hacerle daño. A continuación te mostraré algunas afirmaciones que evidencian este problema:

-"Bueno, al menos _____. Las cosas podrían haber sido mucho peor que eso ".

¡Ánimo! Tal vez esto pueda ser bueno para ti después de todo ".

- "Creo que deberías hacer esto ... o eso ..."

Ninguna de estas afirmaciones ayuda a avanzar con la conversación. Solo harás que tu compañero se resienta al darse cuenta de que estás desechando sus emociones.

Cuando intentas "arreglar" sus sentimientos, los haces sentir tontos por tener esas emociones, y eso es algo incluso más terrible de sentir que lo ya están pasando. Pregúntate a ti mismo, ¿elegirías sentirte mal si tuvieras la opción? Cuando una persona ya se siente mal, lo menos que puedes hacer es no hacerla sentir peor por los sentimientos que alberga.

Estar totalmente presente

Será más fácil para ti darte cuenta del punto de vista de tu pareja si eliges estar completamente presente en sus asustos. De hecho, estar en sintonía con tu pareja implica experimentar sus emociones de una manera que casi parece que estás tratando con tus propias emociones.

A esto se le llama empatía y conecta a las personas tan profundamente que casi pueden sentir lo físico. Por esta razón, la empatía nos pide que seamos vulnerables a nosotros mismos, porque para comprender realmente los sentimientos de tu pareja, tendrás primero que explotar ese sentimiento muy profundo dentro de ti.

No es cosa fácil ponerse en los zapatos de otra persona. Sin embargo, puedes comenzar a practicar la empatía sintiendo autentica curiosidad por lo que hace que tu pareja se sienta de cierta manera. Esto definitivamente puede ayudarte a entender mucho mejor sus experiencias.

Practicar la validación y la empatía requiere de tiempo y práctica. Aprender a luchar contra el impulso de arreglar los sentimientos de tu pareja puede ayudarte a conectarte con él/ ella en un nivel mucho más profundo. Sin embargo, ten en cuenta que validar a tu pareja y empatizar con ella no significa abandonar tu perspectiva, se trata principalmente de ver por qué él/ ella tiene necesidades y sentimientos particulares.

Siempre debemos tener en cuenta que las quejas tienen sus raíces en anhelos personales bastante profundos. Con suerte, saber esto puede inspirarnos a ampliar nuestra comprensión sobre el otro en lugar de apresurarnos a defendernos cuando nuestro compañero resulta herido en sus sentimientos.

Capítulo 4: Los conflictos y desacuerdos

Los conflictos son inevitables en cualquier tipo de relación y generalmente surgen por una variedad de razones que van desde insignificantes, sustanciales, molestos y hasta recurrentes cambios de vida. En cualquier caso, estas desavenencias a menudo suceden por diferencias percibidas dentro de la relación.

Por esta razón, es necesario que las parejas conversen para exponer cada uno sus puntos de vista y pactar una tregua con el fin de mantener la relación estable. Cuando se logra un cierto equilibrio, la relación seguirá siendo satisfactoria para ambos miembros de la pareja.

Se puede decir que en algunas oportunidades, los conflictos pueden ser provechosos porque nos brindan una vía para expresar y abordar nuestros reclamos, poner las cosas insatisfactorias a la vista y discutir qué podemos hacer para solucionar los problemas.

Manejados de la manera correcta, los conflictos nos pueden dar la oportunidad de ser la mejor versión de nosotros mismos y optimizar nuestras relaciones. En definitiva, nos permiten aprender cómo podemos hacer los ajustes necesarios para satisfacer las necesidades de cada miembro de la pareja.

El manejo de conflictos: el estilo "masculino" vs el estilo "femenino"

Las diversas formas de manejar los conflictos caen dentro de un conjunto llamado "conjunto masculino-femenino" y, aunque se etiqueta el conjunto bajo el estilo "masculino" y "femenino", cada estilo no se limita exactamente al genero real, pues tanto los hombres como las mujeres emplean ambos estilos inditintamente — cada estilo sólo define cómo se comporta el hombre o la mujer promedio.

Dentro del conjunto, tenemos: (1) Agresión; (2) conflicto directo; (3) conflicto indirecto; y (4) Evitación de conflictos. La numeración 1 y 2 son estilos masculinos, mientras que la numeración 3 y 4 son estilos femeninos.

La agresión es exactamente lo que sugiere y está vinculada a que se sienta como un ataque total.

Dependiendo de cómo se calienten las cosas en una discusión, estas pueden terminar en una pelea a gritos.Por otra parte, aunque las quejas se manifiesten durante estos conflictos, esta forma agresiva de manifestar las incomodidades pueden dañar significativamente la relación porque somos propensos a decir las cosas más duras cuando estamos enojados, lo cual podría malgastar la relación si ocurre con frecuencia.

En el caso de la evitación de conflictos, permitimos que los problemas continúen debido a que nos negamos a resolverlos. Como resultado, el conflicto siempre quedará propenso a repetirse y puede resultar irritante si surge cuando estamos totalmente desprevenidos. Por otro lado, evitar un conflicto a veces puede ser una jugada inteligente si se trata de un problema irrelevante o de una batalla que simplemente no vale la pena luchar.

El conflicto indirecto implica mostrar a la otra parte que tenemos un problema con ellos sin necesidad de confirmarlo.

A menudo este tipo de conflicto está relacionado con la conducta agresiva pasiva y ocurre cuando le decimos a nuestra pareja que estamos bien cuando obviamente no lo estamos, cuando tomamos las cosas demasiado personales, cuando expresamos nuestra molestia a través de las acciones, cuando juzgamos a la otra persona como tonta por ser incapaz de comprender y también cuando hablamos del problema con otras personas en lugar de con la persona involucrada.

El conflicto directo es probablemente la forma más efectiva de conversar los problemas y manifestar las quejas. Implica decirle directamente a la otra persona, de manera educada, con qué estamos teniendo problemas. Para utilizar este estilo de conflicto, es importante que siempre estemos en una posición de calma,de lo contrario, perder el control podría llevar a una tormenta de ataques verbales.

La clave aquí es mantener un estilo de manejo de conflictos que se acerque a un punto medio.

También se trata de saber cuándo es mejor dejar ir algunos problemas o presionar para que se discutan. Ten en cuenta que ni el estilo masculino ni el femenino son mejores ni peores que el otro, pero se puede preferir un estilo particular dependiendo de la situación. Además, saber cómo se comunica tu pareja también puede ayudarte a determinar qué estilo te llevará a obtener el mejor resultado.

La resolución de conflictos

Los conflictos surgirán sin importar cuánto intentes "permanecer a salvo". En realidad, tener una minima diferencia en las opiniones pueden llevar a desacuerdos. No obstante, siempre hay una manera de hacer que nuestras parejas sean más cooperativas cuando estamos teniendo conversaciones difíciles.

Como seres humanos, estamos programados para emplear la respuesta de "lucha o huida" cuando lidiamos con conflictos. Esto solía ser un asunto de vida o muerte para nuestros antepasados que tenían que enfrentar muchas amenazas en su entorno.

En las relaciones, nuestra tendencia a ser agresivos cuando expresamos nuestros puntos de vista se equipara con "luchar", mientras que "huir" es nuestra tendencia para escapar del conflicto.

Cuando tú y tu pareja comienzan a tener desacuerdos, ¿sueles lanzar tus armas verbales o huir de la situación? Probablemente ya sabes que ninguno de estos dos extremos produce buenos resultados.

Para llegar a una buena resolución del conflicto, siempre debemos tener en cuenta que tanto nuestros puntos de vista como los puntos de vista del compañero son válidos.

Si no caemos en la trampa de pensar que solo uno de nosotros puede tener la razón, seremos mejores para resolver conflictos porque nadie tendría que imponer su "verdad".

No hay perdedores en el amor

Dejara un lado la hostilidad que se siente y dar energía positiva al conflicto son algunas de las cosas más difíciles de hacer cuando estás en una discusión acalorada. En primer lugar, ¿cómo es posible convertir algo que se siente tan mal en algo bueno?

Esta sugerencia ya apareció en capítulos anteriores, pero tal vez valga la pena reiterarla porque es un mal hábito que la mayoría de nosotros tiende a hacer, incluso cuando estamos tratando de cambiar.

Ante el conflicto, lo mejor que puedes hacer es no ponerte a la defensiva, incluso si realmente tienes ganas de protegerte; no te pongas ansioso y evita martillar tus puntos de vista con demasiada fuerza; no conviertas el conflicto en una competencia donde la victoria es lo único que te importa.

En primer lugar, ¿por qué deberías intentar vencer a tu pareja como si ustedes dos estuvieran en algún tipo de concurso? Sí, es difícil mantener la calma cuando estás tan acostumbrado a manejar las peleas de forma agresiva.

Sin embargo, si puedes cambiar tu enfoque y asociarte con tu pareja para resolver el problema, ustedes podrían tener mayores posibilidades de evaluar juntos una mejor resolución para el conflicto.

Los conflictos pueden servir como oportunidades para que ambos reestructuren sus creencias y sistemas de valores.

También es una forma de abrirse y ser vulnerables entre sí para que ambos puedan mejorar como personas y como parejas. Por lo tanto, cuanto más puedas fomentar la comprensión, mejor apreciarás las diferencias en tu relación.

Recuerda que no siempre es fácil saber lo que desea tu pareja, pero intentarlo ya puede preparar el camino para el crecimiento personal de ambos y de la relación amorosa.

Así mismo, cuando estés peleando, considera que puede ser muy difícil notar que tú y tu pareja están a fin de cuentas del mismo lado de juego. A pesar de esto, debes darte cuenta de que ambos solo quieren ser felices y que las peleas sólo revelan los obstáculos que deben enfrentar para mantener viva la felicidad. Los conflictos no deberían infligir un daño irreparable en la relación porque ninguno de los miembros de la pareja debería terminar siendo unos perdedores en el amor.

Los espacios seguros

Principalmente, los conflictos se intensifican porque no creamos espacios seguros donde podamos discutir y compartir de manera adecuada los puntos de vista de cada miembro de la pareja. Luego, por si fuera poco, nos permitimos perder el control de nuestras emociones y, como resultado, también perdemos el control de la situación. En consecuencia, el miedo comenzará a dominar nuestros corazones y nos volveremos muy rápidos para disparar nuestros dardos cuando surja algún conflicto.

Sabemos en teoría (y quizás, en la práctica) cómo la agresión puede conducir a los peores resultados. Por esta razón, tenemos que aprender a mantener la calma al presentar nuestro caso, incluso si requiere de demasiado autocontrol para hacerlo.

Cuando las cosas se calientan demasiado para hablar de manera adecuada, se recomienda tomar un descanso de 15 a 20 minutos y hacer algo que pueda distraer tu mente de la pelea. Sería preferible una actividad que te parezca relajante, recuerda que el objetivo de este breve descanso es calmarse.

Cuando ambos estén listos para volver a hablar, no olvides crear un espacio seguro para los dos: tomar turnos para escuchar y hablar, y evitar discutir o juzgar. También abstenerse de dar consejos o intentar arreglar el problema. Sólo debes concentrarte en explorar el problema a través de preguntas, ya que esto puede ayudarte a llegar a un compromiso razonable.

Lidiar con la posición defensiva que asume tu pareja

Estar a la defensiva puede matar fácilmente nuestras relaciones.

Generalmente, las personas se ponen a la defensiva cuando sienten que las acciones inapropiadas de los demás son intencionales. En este sentido, vale la pena notar que nadie se pone a la defensiva porque le agrada ser de difícil trato.

El comportamiento defensivo de una persona a veces puede ser más complejo de lo que parece, y puede surgir de problemas mentales, emocionales o de personalidad que se desarrollaron a lo largo de su vida. Tratar con una actitud defensiva es a menudo agotador porque no solemos desligar a las personas de sus comportamientos . Quizás una buena manera de describirlo sería tener el cuenta el dicho que dice: "Eres lo que comes". Para este caso: "Tú eres como actúas".

Cuando el comportamiento defensivo está profundamente arraigado en el sistema de alguien, es difícil esperar que un cambio sea posible.

Y, aunque puede ser un desafío, el cambio solo puede ocurrir si la persona está dispuesta a realizar el esfuerzo necesario para hacer lo que necesita hacer. Piensa que el comportamiento defensivo no tiene por qué arruinar más relaciones de lo que ya ha dañado. Si logras manejar esta conducta correctamente, podrás romper sus paredes y evitar que se reconstruyan.

Reprogramar la conducta

Trata de no calificar la actitud defensiva de tu compañero como algo que es inherentemente malo. En su lugar, solo tómalo literalmente y míralo como lo que simplemente es: defensivo. Luego, intenta examinar por qué tu compañero se sienten amenazado y qué es lo que generalmente hace que se sienta de esa manera.

Juntos, ambos miembros de la pareja pueden trabajar para enfrentar esas amenazas percibidas.

Ten en cuenta que realmente las personas se sienten frustradas con el comportamiento defensivo de su pareja porque nunca intentan explorar y hacer frente a sus causas.

Disminuir el conflicto

Una vez que se han identificado las amenazas, puedes trabajar en disminuir el conflicto con solo minimizar las amenazas que percibas. Cuando interactúes con tu pareja, asegúrate de mantener la cabeza fría y de usar un tono neutral. Sé ecuánime y empatiza con sus preocupaciones de la mejor manera que puedas, ya que esto puede disipar fácilmente el conflicto y evitar que se convierta en un problema mayor.

Desarrollar la conciencia emocional y la autoconsciencia

Aprender a ser más conscientes de nosotros mismos es una de las mejores maneras para desarrollar la inteligencia emocional,esto se debe a que la autoconciencia nos puede acercar a conocer las raíces de nuestros conductas defensivas. En otras palabras, si nos volvemos conscientes de los detonates que nos hacen sentir amenazados, será más fácil para nosotros descubrir cómo podemos trabajar nuestros problemas. Además, conocernos a nosotros mismos se traduce en una mejor capacidad para expresarnos y también nos puede dar una mejor idea de las conductas de otras personas.

Convertir el feedback negativo en preguntas

A veces, incluso la más mínima retroalimentación negativa ya es suficiente para activar el fusible de tu compañero, o incluso el tuyo.

Sabiendo esto, asegúrate de hacer un esfuerzo para moderar tus críticas la próxima vez. También puedes optar por convertir esas críticas en preguntas u ofertas de ayuda.

Por ejemplo, digamos que tú y tu pareja están tratando de armar algo. Pero luego se quedan atascados y no pueden continuar con el siguiente paso; ya ambos se sienten frustrados porque no pueden descubrir cuál es el problema... bueno, hasta que te das cuenta de que en realidad es porque tu pareja hizo algo mal en el camino.

Entonces, en lugar de decirle directamente: "Bueno, nos quedamos estancados porque te equivocaste en esta parte" o "¡Ah, es porque no leíste ni seguiste las instrucciones al pie de la letra!", mejor di algo como: "¿Podemos intentar repasar este paso otra vez? Creo que nos hemos perdido algo".

En cambio, si eres tú el que no se siente a gusto con las críticas negativas, explícaselo con detalle a tu pareja. Dile que es algo que acabas de notar y que te gustaría que él aplicara un nuevo enfoque para decirte las cosas la próxima vez. Explícale a tu pareja que es más probable que mantengas tu mente abierta y que aceptes que estás equivocado cuando no te sientes atacado.

Recuerda que una actitud defensiva se deriva de percibir algo como una amenaza. Entonces, si podemos ver una situación como algo no amenazante, será mucho más fácil para nosotros abrirnos, admitir nuestros errores y seguir adelante.

El pensamiento dicotómico

Ver las cosas solo en blanco o negro puede dificultarnos que nos demos cuenta de los aspectos buenos que hay en los conflictos.

Cuando pensamos en que solo podemos tener una de dos cosas (sí vs. no, ganar vs. perder, correcto vs incorrecto), este pensamiento nos lleva a un estado de pánico, del tipo de pánico que nos vuelve decididos a ir tras la opción más deseable. Además, nos hace sentir acorralados por estas dos opciones, y hace más probable que nos sintamos amenazados por la situación y que queramos estar en "lo correcto".

¿Cómo entonces nos liberamos de este pensamiento dicotómico? La solución está en crear un espacio para la apertura. Por supuesto, habrá situaciones donde las cosas deben hacerse de una manera estricta y metódica. Pero, si nos permitimos estar más abiertos a otras ideas, tendremos más posibilidades de obtener una respuesta afable.

Tener una actitud exageradamente defensiva puede arruinar las relaciones a fondo.

Si este tipo de actitudes suceden con demasiada frecuencia, tus interacciones se llenarán de demasiada tensión hasta el punto en que perderás la fe en la relación. También pueden conducir a tener sentimientos de desconexión enorme. Por fortuna, si simplemente estimulamos la apertura, podremos experimentar un mayor sentido de libertad.

Lidiar con la rabia

La rabia es una emoción que todos conocemos y, que normalmente, brota de nosotros cuando nos damos cuenta de que algo que nos importa no está marchando del todo bien. A su vez, la rabia nos hace conscientes de que hay un problema que debemos atender de inmediato.

Sentirse enojado no es inherentemente malo, pero la forma en que manejamos el enojo a veces puede ser problemática para nosotros y para nuestras relaciones.

Por esta razón, debemos ser cuidadosos cuando estemos bajo este estado emocional. Siempre que permitimos que nuestro enojo tome el control de la situación, podemos hacer algo que más tarde podríamos lamentar. La rabia intensa puede nublar nuestra percepción lo que el problema real es.

Ante los primeros signos de enojo, es importante que ambas partes lo aborden lo antes posible. Pregúntale a tu compañero si algo está mal (por ejemplo, "¿Hay algún problema?"), Pero recuerda, ten cuidado con tu tono de voz cuando te acerques a una persona enojada. Por otro lado, tampoco te hará ningún bien si solo esperas a que tu compañero se le pase el enojo, pues estas dejando que sus sentimientos empeoren. Por lo general, si dejas que una persona enojada se consuele a sí misma, solo empeorarás las cosas.

Necesitas mantener la calma lo mejor que puedas, ya que esta ayudará a evaporar la rabia mucho más rápido.

Sin embargo, vale la pena señalar que estar tranquilo no equivale a ser pasivo. Mantener la calma se trata de cooperar con otros pero de una manera controlada, no se trata de mantener el silencio puesto que la ira puede crecer durante estos periodos de silencio.

En cualquier caso, es esencial que no caigas en el mismo nivel emocional de tu pareja. Por ejemplo, no contestes con gritos, ya que esto solo agravará la situación y, si por otro lado, le sigues el juego con su agresividad pasiva, la situación solo se prolongará más de lo debido.

¿Cómo lidiar con tu propia rabia?

-Tiempos fuera : Cuando comienzas a sentirte enojado, toma un descanso y haz algo que te calme. Date tiempo para descubrir qué te tiene realmente enfadado.

-Admite tu rabia: Recuérda que tu rabia habla de ti o es un reflejo de algo en ti. Puedes sentirte mal por lo que hizo tu pareja, pero la sensación es completamente tuya y dice más sobre ti que de tu pareja. Admitir completamente tu sentimiento puede ayudarte a comprender mejor por qué piensas que la situación es problemática.

-Pregunta las razones: Piensa de dónde viene tu enojo, céntrate en ti mismo, no en lo que tu pareja ha hecho. Por ahora, no pienses si tu pareja está equivocada o en lo correcto. Solo concéntrate en el porqué de tu ira para que puedas explicarte adecuadamente ante los demás cuando estés más calmado.

-La perspectiva general de tu ira: Tus pensamientos son tus propios puntos de vista. Así que sigue tus pensamientos para que puedas ver tu enojo desde una perspectiva general, ¿qué sucedió exactamente que te hizo sentir enojado?

-Tus otros sentimientos: ¿Qué otras emociones estás sintiendo? Aunque la rabia es la que se manifiesta, muchas veces ella simplemente se adelanta a la emoción primaria.

Algunos ejemplos de emociones primarias incluyen tristeza, miedo, dolor o rechazo, todos los sentimientos que pueden hacer que una persona se sienta incómodamente vulnerable. La ira a menudo es solo un mecanismo de defensa contra estas vulnerabilidades, por lo que muchos de nosotros preferimos sentirnos enojados que débiles.

-Toma el control: Aunque te haga sentir bien liberar tu enojo, asegúrate de controlar cómo expresas esta emoción. Haz lo que sea necesario para no perderte en esos sentimientos, pues la rabia es perjudicial cuando pasa por encima de todo. Estoy seguro que no querrás que hacer algo de lo que te arrepentirás después.

¿Cómo lidiar con la rabia de tu pareja?

-La calma es el nombre del juego: Responder con la misma energía intensa solo puede avivar la rabia de tu compañero, por lo que mantenerte calmado de manera proactiva es una de las mejores maneras para disminuir su ira.

-Validar los sentimientos de tu pareja: Demostrarle a tu pareja que eres sensible a sus sentimientos evitará que tenga que demostrar por qué está enojada. Me imagino que no querrás orillar a nadie a este punto si no quieres que se irrite más.

-Escucha activa: La mayoría de las personas continúan albergando su enojo porque sienten que no las escuchan en absoluto y, porque también tienen la sensación de que no las toman en serio. Practica la escucha activa, no seas el tonto que aborda la rabia de alguien como una si se tratara de una broma.

-Expresa tus sentimientos: Si también te sientes molesta, infórmaselo a tu pareja. Si sientes otras emociones como ansiedad y frustración, exprésalas también. Expresar tus sentimientos es especialmente importante cuando tratas con una pareja agresiva pasiva, ya que que piensa que su comportamiento no te está haciendo ningún daño ni a ti ni a la relación.

-Sé conciliador: Demostrar que quieres hacer las paces puede ser una de las maneras más rápidas de disipar los sentimientos negativos de tu pareja. Esto puede significar pedir perdón, reconocer tus faltas o cerrar la brecha física entre ustedes dos.

-Fogging o niebla: En lugar de discutir o defender tu punto de vista, una forma de calmar las cosas es a través de la técnica del fogging o neblina que implica estar parcialmente de acuerdo con tu pareja. Por ejemplo, si tu pareja te acusa de ser perezoso, en lugar de demostrarle que está equivocada, puedes decirle: "Sí, tienes razón. No me he estado moviendo como debería.

Me esforzaré más como sugieres".

-Afirmación negativa: Cuando tu pareja te critique por una razón muy válida, probablemente te verás tentado a justificarte o defenderte por lo que has hecho.

Sin embargo, cuando hayas hecho algo incorrecto, a veces es mejor estar tranquilamente de acuerdo con lo que tu pareja acaba de decir, sin importar cómo lo haya dicho. Utilizando el ejemplo anterior, puedes decir: "Sabes qué, tienes toda la razón, he sido perezoso, debería haber…". Hacer esto puede detener de inmediato una discusión.

Si viviéramos en un mundo ideal, nunca nos sentiríamos enojados con nuestras parejas o probablemente nos turnaríamos para molestarnos. Sin embargo, sabemos muy bien que el mundo real no funciona de esa manera y, muchas veces, nos sentimos mal al mismo tiempo.

Hacer frente a la rabia de la manera correcta se vuelve ineludible, por ese motivo practica mantener la calma en el calor del momento y disculpate, aunque sea muy difícil. Recuerda siempre tener en cuenta la razón por la cual tú y tu pareja están juntos. Siempre podemos controlar cómo nos vamos a expresar, así que asegúrate de hacerlo con sabiduría.

Resolver problemas sin herir los egos

Afinar tus habilidades de resolución de conflictos generalmente va de la mano con tus habilidades de comunicación. Cuando tú y tu pareja son capaces de comunicarse de manera más efectiva, casi siempre llegarán a una solución aceptable sin lastimar el ego de cada uno.

Superar los conflictos o no depende principalmente de la manera en que decidimos tratar a nuestras parejas cuando discutimos.

La clave aquí es encontrar una manera de enfrentar los desacuerdos de manera eficiente para que no duren más de lo debido.

Espero que los puntos resaltados en este capítulo pueden ayudarte a sentirte más preparado para manejar conflictos futuros de una manera mucho más productiva y amorosa. Después de todo, solo queremos estar contentos con alguien que sabemos que puede sacar lo mejor de nosotros.

Incluso, en medio de un conflicto acalorado, debes recordar que la persona con la que estás discutiendo es también la persona que amas. Si puedes demostrar a esa persona que la amas incluso cuando están discutiendo, ustedes podrán seguir viviendo su mejor vida juntos incluso después de que termine la pelea.

Capítulo 5: Cercanía e intimidad

La intimidad se refiere a la sensación de cercanía que sentimos cuando estamos con otra persona. Quizás el sexo puede ser lo primero que te viene a la mente cuando surge el tema de la intimidad, pero en realidad hay diferentes tipos de intimidad.

Una configuración ideal generalmente significa que tú y tu pareja prefieren el mismo tipo de intimidad y la necesitan en casi las mismas cantidades. Sin embargo, ese no es el caso la mayoría de las veces, a menos que tengas suerte.

A pesar de eso, tener una relación satisfactoria es definitivamente posible.

Es decir, siempre y cuando tú y tu pareja reconozcan las necesidades de intimidad de cada uno y hagan un compromiso para satisfacerlas, aunque sean muy diferentes.

Los diferentes tipos de intimidad

Aquellos que desean establecer una conexión genuina con su pareja deben entender que las personas tienen diferentes necesidades de intimidad. Hay personas que solo pueden sentirse cómodas estando "muy cerca", mientras que sus parejas prefieren estar " no tan cerca". Además, el tipo de intimidad que desean puede variar dependiendo de sus personalidades y prioridades.

Algunas personas comienzan a sentirse cerca de la otra persona a través del contacto físico. Otros, cuando se sienten cómodos compartiendo sus sentimientos y pensamientos y algunos otros, preferirán intercambiar principios e ideas antes de abrirse de otras maneras.

En cualquier caso, la intimidad juega un papel muy importante en la capacidad de una pareja para mantenerse comprometida el uno con el otro y con su relación. Cuanto más trabajen para mantenerse cerca, más felices permanecerán juntos.

La intimidad física

La intimidad física se trata de compartir toques amorosos con tu pareja.

La presencia física de un compañero a veces puede ser todo lo necesario para que alguien se sienta amado, reconocido y aceptado. Los toques pueden ser desde darse golpecitos en los hombros, tomarse de las manos, abrazarse, besarse hasta tener relaciones sexuales.

Cuando el estilo, el ritmo y la frecuencia de los toques se realicen de acuerdo con las necesidades de cada uno, será fácil para ti y tu pareja acercarse.

El toque correcto puede mostrarte cuánto te ama y acepta tu pareja (y viceversa), crea un tipo de cercanía que puede solo puedes experimentar en compañía del otro.

La intimidad emocional

La intimidad emocional ocurre cuando tú y tu pareja pueden compartir sus pensamientos, sentimientos y deseos entre sí. No obstante, para poder aproximarte emocionalmente a alguien, tienes que permanecer fiel a ti mismo. Si no puedes ser honesto contigo mismo en cuanto a las cosas que realmente quieres, con el tiempo esta falta creará una ruptura en la relación y, por si fuera poco, las cosas empeorarán si tu pareja siente que no puede comunicarse contigo. A veces, en realidad necesitamos sentirnos cómodos al ser vulnerables para que otros puedan identificarse de la manera adecuada.

La intimidad intelectual o mental

La intimidad intelectual significa que ambos están en la misma página cuando se plantean cuestiones importantes. Esta intimidad podría verse en la forma de compartir las mismas creencias, valores y principios morales; también podría implicar compartir los mismos objetivos o hacer acuerdos con respecto a las "grandes cosas". Estar mentalmente cerca de tu pareja significa que te sientes cómodo discutiendo cualquier cosa con ella sin tener miedo de decir lo que piensas.

La intimidad recreativa

La intimidad recreativa implica que ambos miembros de la pareja disfruten compartir algunas actividades o hobbies y que programen tiempo para disfrutar juntos. No tiene que ser nada lujoso, ya que lo importante es que pasen tiempo de calidad con el otro y estén presentes plenamente en esos momentos.

Puede ser tan simple como hacer caminatas matutinas juntos, pasear a su perro juntos o participar en un proyecto compartido. También puede ser programar un paseo al museo, a la montaña, a la playa, a cualquier lugar que deseen, siempre que pasen tiempo juntos.

Intimidad financiera

La intimidad financiera significa ser abierto y honesto con tu situación financiera. Esto generalmente se desarrolla cuando tú y tu pareja acuerdan ser transparentes en asuntos de dinero.

Intimidad espiritual

La intimidad espiritual consiste en compartir creencias espirituales y observar las tradiciones religiosas con tu pareja. Si ambos tienen las mismas necesidades religiosas, pueden acercarse simplemente orando juntos.

También significa poder tener discusiones espirituales en pareja. La intimidad espiritual se puede profundizar al compartir continuamente tu fe.

Si bien la cercanía física suele ser necesaria para que las parejas comiencen a acercarse, el amor no podrá crecer más cuando nuestras relaciones carecen de otros tipos de intimidad. Cuando los que amamos no son capaces de conocernos y satisfacer nuestras necesidades, se pueden desarrollar ciertas inseguridades que son difíciles de eliminar.

¿Por qué las relaciones necesitan la intimidad para prosperar?

La intimidad se considera como ese vínculo único que hace que las personas, especialmente las parejas, se sientan cercanas y familiarizadas entre sí.

Las relaciones amorosas generalmente crecen y prosperan cuando las personas pueden mantener la intimidad en niveles aceptables y deseables.

Cuando las parejas son felices física y emocionalmente una con la otra, por lo general no se sienten motivadas para buscar ese tipo de cercanía en otros lugares. Prefieren quedarse donde están y alimentar lo ya tienen contigo.

La falta de intimidad

La falta de intimidad absoluta supone problemas para las parejas, especialmente si esta alguna vez fue la fuerza impulsora principal de la relación. Para tu conocimiento, la intimidad no se trata solo de seguridad y familiaridad, se trata de construir y mantener los fundamentos de la relación para que pueda seguir sirviendo como soporte para ambos miembros de la pareja, incluso en los peores momentos.

Por otro lado, puede ser muy fácil para una persona interpretar la falta de intimidad con no ser lo suficientemente amada por su pareja o no ser amada en lo absoluto. Esta situación puede crear un desequilibrio significativo en la relación, en el que un miembro se vuelve inseguro, mientras que el otro ignora el papel que desempeña en la creciente inseguridad de su pareja.Así mismo, las relaciones donde la intimidad se está desvaneciendo o simplemente ha muerto, a menudo no tienen buenos índices de supervivencia debido a que solo causa malentendidos y enojos cuando este estado se prolonga por más tiempo.

En el caso de que una relación pueda continuar sin intimidad, no tardará mucho en sentir y notar que falta algo. En el peor de los casos, se podría sentir como si ustedes dos nunca estuvieran tan cerca para empezar con la relación. ¿Hay alguna manera de salir de esta rutina y volver a poner las cosas en marcha?

Anhelar la conexión

Ninguna pareja puede sentirse ni segura ni feliz en una relación que ya no le resulta familiar. Si tu relación carece de seguridad y felicidad, ¿en qué basarás exactamente tu relación?

Cuando uno o ambos miembros de la pareja pierden el deseo de intimidad, está claro que ya no estás tratando con la misma relación que una vez te hizo sentir tan enamorado y loco.

Ten en cuenta que los humanos anhelan la conexión cuando buscan amor y seguridad, por este motivo la intimidad es necesaria para satisfacer estas necesidades humanas básicas. Siendo esto cierto, es natural sentirse mal cuando te das cuenta de que tú y tu pareja ya no son tan cercanos como antes.

Y, aunque se requiera compromiso y consistencia para volver a elevar los niveles de intimidad en la relación, no es imposible si ambos compañeros están decididos.

Maneras sencillas para permanecer cerca

La intimidad no es algo que sucede por arte de magia y sí, es cierto que existe tal cosa como la "atracción", pero la intimidad requiere de tiempo y esfuerzo constante antes de que pueda crecer. No te dejes engañar pensando que la intimidad sucede "naturalmente", porque la realidad es que necesita de un trabajo duro.

Además, debido a que todos crecimos en ambientes diferentes, es posible que termines con una pareja que le cueste construir el tipo de intimidad que sea agradable para ambos, sin embargo, afortunadamente hay cosas que puedes hacer para asegurarte de que ambos estén más o menos en la misma página:

-Estar agradecido por las cosas que te hacen feliz en tu relación

No asumas que tu pareja ya sabe que realmente la amas y aprecias.

Es bueno cuando reconoces las cosas por las que estás agradecido en tu relación, pero asegúrate de que de vez en cuando le hagas saber a tu pareja las cosas que valoras de ella. Ten en cuenta que a veces solo necesitamos escuchar las palabras de agradecimiento en voz alta para saber el afecto es real.

-Programar tiempo de calidad juntos.

Esto es especialmente importante cuando estás abrumado con otras tareas como el trabajo diario o las obligaciones con tus hijos.

Asegúrate de tener un horario regular para pasar tiempo de calidad con tu pareja, momentos en los que solo puedan concentrarse el uno en el otro sin tener que preocuparse por nada más.

- Haz declaraciones usando el pronombre "YO".

Las declaraciones en primera persona "YO" ayudan a mantener el foco de atención hacia ti mismo cuando hay un conflicto. Por ejemplo, en lugar de decir: "¿Por qué tú no me consultaste?", intenta decir: "Me dolió que no me consultaras". Cuando tu pareja se siente juzgada, puede ser razón suficiente para que se aleje. Usar declaraciones en primera persona "YO" pueden expresar tus pensamientos sin tener que perjudicar tu deseo de intimidad.

-Después de tener una pelea, observa la emoción principal que hay detrás de la rabia.

En el Capítulo 4, hemos discutido que en realidad hay una emoción primaria detrás de la rabia, pero no aparece porque en verdad no queremos ser considerados como "débiles".

Para crear intimidad después de una discusión, te recomiendo que discutas estos sentimientos con tu pareja y, por supuesto, que también preguntes sobre sus sentimientos.

Los obstáculos para una vida sexual saludable

Una vida sexual saludable es esencial para mantener una relación fuerte y satisfactoria. Desafortunadamente, incluso las parejas que realmente se aman pueden tener dificultades para lograr la vida sexual que puede considerarse óptima para ellas. Hay casos en que podría deberse a problemas físicos, pero la mayoría de las veces, los problemas emocionales son la razón por la cual las personas no tienen ganas de tener relaciones sexuales.

Sí, los niveles de amor e intimidad dentro de una relación pueden ir y venir; estos podrían fácilmente disminuir con el ajetreo diario de la vida, las presiones laborales o incluso cuando nos estamos adaptando a la vida familiar. Por supuesto, nadie quiere que disminuya la intimidad sexual, pero a veces no nos damos cuenta de que esta es la realidad que estamos viviendo y no sabemos qué hacer al respecto.

Desconexión emocional

Cuando dos personas luchan para conectarse entre sí más allá del dormitorio, esto puede dificultar que disfruten de una vida sexual saludable. La desconexión emocional suele ser una señal de que uno o ambos compañeros no se sienten seguros dentro de la relación, y puede deberse a la falta de confianza, a las quejas frecuentes o no resueltas, a las infidelidades pasadas, a actuar dentro de la habitación como dos hermanos en lugar de como pareja, a las interacciones que realmente no tienen una profundidad emocional.

Decidir bajar estos muros emocionales y volverte más vulnerable frente a tu pareja puede ayudarte a construir una relación más segura. Cuando somos capaces de abrirnos emocionalmente entre sí, también estamos destinados a experimentar un efecto positivo en nuestra vida sexual.

Sentimientos de inestabilidad

Se vuelve difícil cumplir con tus obligaciones cuando sientes que tu vida es inestable y, es que tener que manejar demasiadas tareas en un momento dado puede hacer que pierdas la capacidad para dedicar tiempo a las cosas que disfrutas hacer.

En un momento dado, este ritmo de vida puede llevarte a desgastarte y agotarte, afectando tu deseo sexual. En este caso, es muy recomendable aprender ciertas habilidades de administración del tiempo para poder asignar un espacio adecuado a las cosas que valoras, ¡y eso debe incluir el sexo!

Desarrollar una rutina simple de cuidado personal puede ser todo lo que se necesitas para prender fuego a la cama nuevamente.

El exceso de autoconciencia

Uno de los obstáculos más comunes a la intimidad sexual es tener sentimientos de inseguridad y una excesiva autoconciencia. Cuando no puedes sentirte bien contigo mismo y con tu cuerpo es difícil sentirte cómodo con el sexo, o incluso con solo la idea. Descartar todas las cosas positivas de tu cuerpo puede impedirte de inmediato disfrutar de una vida sexual fantástica.

Es difícil sumergirse en la pasión del momento cuando siempre estás consciente de si mereces disfrutar del sexo o no; tienes que darte cuenta de que todos merecen disfrutar de la vida como quieran.

Aprender a sentirte cómodo en tu propia piel puede ser difícil al principio, pero definitivamente puede conducir a mejores interacciones con tu pareja, especialmente en el dormitorio.

Historias de abuso y abandono

Algunas personas tienen la suerte de haber crecido en hogares felices, rodeados de amigos de buenas influencias. Sin duda, saben lo que es sentirse amadas y seguras en la vida . Por otra parte, también hay personas que tienen la mala suerte de haber nacido en familias disfuncionales donde el abuso y el abandono prevalecen.

El abuso físico, emocional y sexual durante la infancia y la adolescencia puede tener un gran impacto en la sexualidad de una persona durante la edad adulta.

Aquellos que fueron constantemente golpeados a nivel físico y emocional tendrán dificultades para expresar sus necesidades a su pareja debido a que sienten que ser honestos siempre conducirá a una forma de castigo.

El abuso sexual generalmente lleva a sentimientos de vergüenza e inferioridad.

Aquellos que han sido abusados sexualmente pueden tener dificultades para confiar en otra persona y pueden tener límites rígidos o límites deficientes. Por lo general, reaccionan al trauma al ser demasiado activos sexualmente o al no ser activos en absoluto. Su comportamiento sexual suele ser ubicarse en los extremos.

El abandono, por otro lado, gira en torno a no tener algunas necesidades suplidas. Por ejemplo, que alguien se haya enfermado varias veces y que nunca haya recibido la ayuda médica que necesitaba, a esto se le llama abandono o descuido físico.

Así mismo, el abandono emocional ocurre cuando la familia de una persona generalmente no escucha los asuntos que esta considera realmente importantes, como sus sueños.

El abuso y el abandono van a afectar a las personas de manera diferente, no solo impedirán que una persona viva su mejor vida sexual, sino que también podrán afectar sus relaciones interpersonales. En este sentido, es de vital importancia decidir trabajar en los problemas personales para ser capaz de reconocer adecuadamente lo que sucedió y, finalmente, comenzar a sanar.

La adicción

La adicción no suele considerarse un obstáculo para el buen sexo, pero ciertamente puede tener un impacto en tu sexualidad o en la sexualidad de tu pareja.

Ser adicto a cualquier cosa (drogas, alcohol, juegos de azar, comida, pornografía, etc.) puede evitar que tu relación con tu pareja crezca a nivel emocional, moral y espiritual.

La edad de la persona adicta es irrelevante, ya que sin importar la etapa de la vida en que se encuentre, la persona es propensa a comportarse como un adolescente inmaduro con una brújula moral poco desarrollada. La persona con adicción no logra medir lo que está bien o mal, más bien siente que vive en una tierra de fantasía donde tiene un pase gratis para hacer lo que le plazca.

La mayoría de las adicciones tendrán un impacto negativo en la vida sexual de una pareja. Sin embargo, recuperarse (y mantenerse) puede ser todo lo que las parejas con adicciones necesitan para cambiar su vida sexual. Eventualmente, el sexo se sentirá mucho menos como trabajo o rutina, y pronto podrán volver a fomentar conexiones maduras y satisfactorias con su pareja.

Llegar a estar más conectado con tu pareja

Muchas relaciones comienzan con demasiada pasión y una vida sexual muy satisfactoria, pero debido a que los niveles de deseo sexual variarán dependiendo de la etapa en la que nos encontremos en nuestra relación, no podemos esperar tener el mismo tipo de conexión fogosa con el paso de los años. No obstante, aunque la intimidad sexual probablemente no tiene el valor más importante cuando se trata de mantener relaciones a largo plazo, ciertamente es un ingrediente esencial para tener una relación feliz con tu pareja.

Mantener una buena relación sexual no solo te hará sentir más feliz cada día, sino también te facilitará disipar las quejas de pareja. Esto se debe a que el sexo, cuando se hace con regularidad, puede ayudar a profundizar tu conexión dentro y fuera del dormitorio.

Conectar con tu propio cuerpo

Para tener una gran vida sexual con tu pareja, primero debes aprender a sentirte profundamente conectado con tu cuerpo físico. Desafortunadamente, el estilo de vida de hoy en día no facilita que logremos esta conexión porque pasamos más tiempo con los artefactos y olvidamos practicarla.

Como resultado, tendemos a estar en nuestras cabezas más frecuentemente que en nuestros cuerpos y, cuando esto sucede, se vuelve difícil tener un deseo sexual saludable o, peor aún, no podemos disfrutar del sexo porque simplemente no estamos en el momento. A continuación te presento algunas de las cosas que puedes hacer para "salir de tu cabeza":

-Ejercítate: participa en cualquier actividad agradable que te haga latir el corazón.

Experimentarás una mejora en tu circulación sanguínea que no solo energizará tu sistema inmunológico y tu resistencia, sino que también podrá mejorar tu deseo sexual.

- Sé uno con la naturaleza: sal a caminar a un parque o bosque cercano. Elije un buen lugar para sentarte y sentir el suelo con los pies descalzos. Respira hondo y sumérgete en estos momentos.

-Hazte un masaje o toma un baño caliente: haz algo que te permita experimentar el contacto físico para despertar tus sentidos.

-Auto complácete: tener este tipo de "tiempo para mí" te permitirá recordar el tipo de caricias que te parecen realmente placenteras.

Si continuamente aprendes qué cosas te causan más placer a través de la masturbación, los beneficios de conocerte de esta manera inevitablemente se convertirán en una buena noticia para tu vida sexual.

Sobre mimarse y besarse

Los seres humanos están programados para anhelar el contacto de una manera u otra. Por lo tanto, una de las mejores maneras de aumentar tu conexión sexual con tu pareja es pasar más tiempo mimándose, porque es fácil olvidar estas caricias cuando estamos concentrados trabajando, incluso si ya estamos en la cama.

En lugar de pasar largas horas trabajando en el dormitorio, dedica un tiempo a abrazar y a acariciar a tu pareja.

Lo recomiendo porque las caricias liberan en tu cerebro sustancias químicas relacionadas con la sensación de felicidad y bienestar, y te permiten dormir con una mejor mentalidad.

Hay que mencionar además que los besos apasionados son otra forma de crear una mejor relación sexual con tu pareja. Sin embargo, a veces, solo damos un beso porque tendemos a pensar que es el preludio del sexo. No nos damos cuenta de que el beso solo puede ser un excelente acto independiente que nos puede llevar a tener a una mejor intimidad con la pareja.

Besarse es profundamente íntimo. A veces, es fácil olvidar lo bien que se sienten los besos cuando disminuyes la velocidad y te tomas el tiempo para sentir los labios de tu pareja. Si el beso se calienta demasiado y ocurren ciertas caricias y toqueteos, asegúrate de poner el beso como el acto principal durante algún tiempo antes de ir a otro lugar.

¿Cómo mantener la chispa de la relación?

Las relaciones de largos años a veces se estancan en la temida monotonía. De repente te acuerdas de aquellos momentos en los que no podían esperar para verse, cuando planificaban todas esas escapadas juntos, cuando cedían ante los impulsos del momento o cuando se quedaban despiertos toda la noche hablando de todo y nada, — y te das cuenta que añoras ese tipo de emoción––.

Sabes que amas a tu pareja más que nunca, pero de alguna manera la chispa entre ustedes dos se ha ahogado en el mar de la rutina y las obligaciones. Entonces, te preguntas si es posible recuperar las emociones que sentiste hace mucho tiempo.

La respuesta sería, sí. Afortunadamente, puedes tomar la iniciativa de hacer cosas para encender la chispa y calentar la relación una vez más.

Es posible que los fuegos artificiales de antes ya se hayan quemado, pero tú y tu pareja siempre pueden hacer un esfuerzo para encender otro set de juegos artifíciales.

No dejen de planificar citas juntos

Las citas nocturnas no siempre implican salir, aunque salir también sería bueno si así es como quieres hacer las cosas. Sin embargo, planificar una cita puede ser tan simple como tener un cambio de ambiente en tu hogar. Por ejemplo, si tu idea típica de una cita nocturna es ver una película en casa, puedes cambiar teniendo una cena a la luz de las velas con alimentos preparados recientemente. También puedes simplemente ir a caminar a un lugar con un buen ambiente.

Aprendan nuevas habilidades por separado

Esto no solo los ayuda a descubrir más pasatiempos para disfrutar, sino que también los envuelve en un misterio nuevamente.

Cuando los dos intentan aprender algo nuevo, las cosas se pueden poner muy emocionantes. Incluso si tú y tu pareja ya están muy familiarizados, se darán cuenta de que ustedes no han descubierto todo acerca del otro (De alguna manera esto puede hacer que ambos se deseen más).

Dale sabor a tu vida sexual

El sexo a veces puede sentirse como una rutina si haces las mismas cosas una y otra vez. Una forma de combatir esto es probando algo nuevo. Tal vez siempre has tenido fantasías específicas, o has visto una posición sexual que te parece lo suficientemente divertida como para probarla. Comparte estas fantasías con tu pareja y tomen turnos para cumplir los deseos del otro, a lo mejor descubras una nueva posición favorita simplemente dándole sabor a las cosas.

Pasen tiempo separados

Cuando le das a tu pareja la oportunidad de extrañarte, ambos tendrán la oportunidad de darse cuenta de lo mucho que se aman.

El tiempo que pasen separados puede hacer que aprecies más a tu pareja porque te darás cuenta de que la vida es mejor cuando ella está cerca. Además, cuando te apartes por un corto periodo de tiempo, las cosas no serán tan aburridas porque tendrán más cosas de las que hablar después.

Enfócate en un tiempo de calidad

Los tiempos separados pueden ser beneficiosos, pero los tiempos juntos también son vitales para mantener viva la llama. Y, aunque el tiempo de calidad se puede dar programando citas nocturnas, se recomienda elevar el nivel en ocasiones especiales. Por ejemplo, pueden planear ir a algún lugar donde nunca hayan estado antes, o hacer algo totalmente nuevo. En cualquier caso, ten en cuenta que estas no son solo excelentes opciones para pasar un tiempo de calidad, sino que también son nuevas formas para conectarse entre sí.

Mostrar tu aprecio

Nuevamente, puedes pensar que tu pareja ya sabe cuánto la valoras, pero aún así es una buena idea hacérselo saber constantemente; puedes informárselo a través de palabras, dándole pequeños regalos o preparándole su plato favorito. Los grandes gestos pueden expresar aprecio y quizás, es bueno hacerlos de vez en cuando. Sin embargo, muchas veces son las pequeñas cosas las que realmente importan, especialmente en las relaciones a largo plazo.

Mantén la dinámica

Hacer el esfuerzo de preparar algo realmente especial para tu pareja puede darle sabor a tu vida sexual por una noche. Sin embargo, si deseas mantener la dinámica, tendrás que invertir tu energía en crear nuevos hábitos que, por supuesto, incluyen dejar de lado aquellas costumbres que hicieron que perdieras la emoción por el sexo.

Toma nota de lo que haya reavivado tu pasión y habla de esto con tu pareja. Por ejemplo, si crees que el ejercicio marcó una diferencia, o tener citas nocturnas más frecuentes ayudo, asegúrate de integrar estos hábitos en tu vida.

También puede ser oportuno incluir abrazos, besos y sexo en tu calendario para que sea más fácil convertirlos en hábitos. Tener que programar los mimos de esta manera puede parecer poco sexy, pero saber que tienes algo bueno por lo que esperar puede hacer que te sientas emocionado y animado para dar lo mejor de ti.

Recuerda que la necesidad de intimidad no importa de qué tipo, existe en cada uno de nosotros. Solo la necesitamos en diferentes grados y en diferentes momentos. Por último, para que las relaciones prosperen es importante que examinemos cómo nuestras necesidades pueden afectar a nuestras parejas y a la dinámica de la relación.

Capítulo 6: Los ingredientes para tener un matrimonio feliz

Todas las parejas que con el tiempo logran casarse, lo hacen con la convicción de que podrán resistir cualquier cosa juntos. A diferencia de una relación regular a largo plazo, el matrimonio presenta una serie de desafíos completamente nuevos. Es una fusión de dos personas con diferentes orígenes, problemas, culturas y tradiciones. Esta vez, no se trata solo de los buenos tiempos, se trata de un compromiso de por vida.

Desafortunadamente, no todos los que se casan podrán sobrevivir a las tormentas que irán en su dirección. La pregunta ahora es: ¿Cuál es el ingrediente secreto para un matrimonio considerablemente exitoso? ¿Es solo cuestión de encontrar a la "persona adecuada"?

¿El éxito depende de cada caso o los matrimonios felices realmente tienen un común denominador?

¿Por qué los matrimonios se estancan?

Antes de discutir lo que hace a un matrimonio feliz, primero exploremos qué hace que los matrimonios se estanquen a largo plazo. Conocer estas cosas primero puede ayudarnos a apreciar mejor las "pequeñas cosas" probadas y verificadas que mantienen a las parejas realmente felices entre sí a lo largo de los años.

Cuando decidimos casarnos con alguien, rara vez pensamos en los malos tiempos cuando imaginamos nuestro futuro con ellos. Naturalmente, nuestras mentes querrán pensar en las cosas buenas: nuestros objetivos, nuestro nuevo hogar, los lugares a los que iremos, los hijos que tendremos, los nombres que les daremos, las escuelas a las que los enviaremos, y así sucesivamente.

Al pensar en todas estas posibilidades infinitas, nos sentimos muy entusiasmados de hacer que todos estos planes sucedan un día. Nos sentimos tan invencibles solo con nuestra pareja y ahora, cónyuge. Es como si pudiéramos manejar cualquier cosa siempre y cuando ella esté a nuestro lado. De cierto modo, eso es lo que realmente necesitamos creer si queremos resistir la prueba del tiempo.

A medida que pasa el tiempo, sientes que estás viviendo la vida que siempre has soñado.

Todo parece ir bien hasta que te despiertas y te das cuenta de que el calor que una vez estuvo allí no se siente. No sabes cuándo comenzó esto, pero ya te está molestando. No eres exactamente infeliz, pero tampoco puedes considerarte feliz. ¿Cuál parece ser el problema?

Crecer por separado

Las cosas que ambos amaban hacer como pareja joven también se convirtieron en algo del pasado cuando comenzaron a tener hijos y dedicaron su tiempo a obligaciones más importantes en el trabajo. Naturalmente, sus gustos, preferencias y visiones del mundo cambiaron a medida que envejecieron y vconocieron más del mundo.

Aunque tú y tu cónyuge no necesariamente tienen que tener los mismos intereses, es importante que ambos tengan cosas en común a medida que avanza el tiempo. De lo contrario, la creciente ausencia de un terreno común en algún momento te dejará sin nada de qué hablar. Cuando no puedes conectarte con tu pareja por cualquier cosa, ambos corren el riesgo de convertirse en extraños.

Dejar que la vida se interponga en el camino

El largo viaje por delante traerá consigo todo tipo de momentos felices, desafíos y problemas. Todo dependerá de cómo elijas enfrentarlos, especialmente cuando se trata de las etapas más difíciles de la vida, aunque también dependerá del tipo de dinámica de equipo que tengas con tu cónyuge. Por supuesto, es natural cometer errores, pero la pregunta es: ¿dejarás que interfieran en tu camino? ¿Jugarás el juego de la culpa hasta que ambos se cansen y se frustren?

¿Cómo vas a manejar la vida cuando te de limones? Depende de ti, si harás limonadas con tu cónyuge o beberás tequila con él/ ella. Si ambos no saben cómo confiar y cuándo contar con las fortalezas de cada uno, ¡ciertamente no podrán sacar lo mejor de cada uno!

Perder el respeto

El estado "permanente" de nuestro cónyuge en nuestras vidas puede hacer que fácilmente creamos que su estadía con nosotros está garantizada . Solo porque estamos casados, gradualmente nos olvidamos de cómo ser amables con el otro y, en verdad, no nos molesta mucho las cosas negligentes que hacemos porque pensamos que podemos salirnos con la nuestra (Creemos que la pareja estará siempre a nuestro lado de todos modos).

Llegar a este punto significa que ya no le estás dando a tu cónyuge ni a tu matrimonio el respeto que merece. Este gesto no solo hace que el matrimonio se vicie, sino que puede provocar fuertes sentimientos de descontento, abriendo espacio para un gran caldo de cultivo con varios asesinos de relaciones como las peleas, la infidelidad y el resentimiento.

Perdernos a nosotros mismos en algo más

Nuestro cónyuge y nuestro matrimonio se convierten en las principales prioridades desde el momento en que decimos "Sí, acepto". Sin embargo, cuando comenzamos a perder el respeto por él/ ella y los damos por sentado, tendemos a perdernos en algo que es potencialmente destructivo.

En lugar de brindar a nuestro cónyuge el tipo de atención que prometimos brindarle cuando nos casamos, nos inclinamos a mostrar nuestra mejor versión a otra persona (por ejemplo, amigos, compañeros de trabajo, jefe, etc.). Obviamente, esta es una gran señal de que hay un problema dentro del matrimonio, pero ¿por qué nos anima impresionar a otras personas en lugar de a nuestro cónyuge?

Lo que está desviando tu atención de tu matrimonio no necesariamente tiene que ser una persona.

También podría ser una cosa, un pasatiempo, un vicio o una adicción que está sacando lo mejor de ti. En cualquier caso, encontrar salidas fuera de tu matrimonio puede suponer un gran problema si la causa raíz del problema no se controla desde el principio.

Darse cuenta de las incompatibilidades

La verdad es que no todas las personas son aptas para el matrimonio y no todas las personas que se casan son muy adecuadas entre sí. Sin embargo, algunas personas todavía terminan casándose porque realmente no conocen a su cónyuge lo suficiente, quizás se casaron demasiado jóvenes, o no pasaron una cantidad considerable de tiempo conociendose primero.

Esto también sucede cuando no nos conocemos a nosotros mismos ni sabemos lo que buscamos en una pareja.

Tienes que conocer tus límites y establecer límites si no quieres terminar con alguien que en algún momento se revelará para romper el trato. La única forma de evitar esto es tomarte tu tiempo para conocer a la persona y asegurarte de que puedan llegar a un compromiso entre sus necesidades y expectativas en una relación.

Los principios claves de un matrimonio duradero

Nadie se casa pensando que tendrá que separarse un día. Cuando eligiste pararte frente a tu cónyuge durante el día de tu boda, todos tus pensamientos fueron que estar allí era la mejor decisión de tu vida. Tu decidiste hacer que tu matrimonio funcionara de la mejor manera posible cuando mencionaste tus votos y se dijo la frase "hasta que la muerte los separe".

Por supuesto, ya eres consciente de que la vida no siempre está compuesta de cosas buenas, por lo que es natural preguntarse cómo duran algunos matrimonios a pesar de los tiempos difíciles. ¿Qué hace que un matrimonio dure 10, 25, 30 años o más? ¿Qué tipo de interacciones tienen estas parejas para poder mantener una relación sana y amorosa entre sí durante el tiempo que convivan?

¿Qué hace que un matrimonio funcione?

A menudo los matrimonios no funcionan debido a que las personas se casan por las razones equivocadas. Generalmente, las personas se meten en algo muy serio como lo es el matrimonio sin que sus intenciones estén a la altura del compromiso.

En ese sentido, cuando te cases con alguien, asegúrate de que te estás casando con la persona que en verdad es, y no con la persona que solo piensas o esperas que sea.

No seas copartícipe de un matrimonio con la esperanza de que tu cónyuge te cambie, o que pueda ayudarte a salir adelante en la vida. No te cases con alguien solo por presiones familiares o embarazos no planeados. Y, sobre todo, no te cases con alguien cuando te sientas totalmente desesperado. Sí, quizás sientas que tu tiempo se está "acabando", pero no elijas el/la primero que esté disponible para casarse sin tomarte el tiempo para conocerlo de adentro hacia afuera.

Básicamente, uno de los requisitos previos para un matrimonio exitoso es que la pareja debe casarse por las razones correctas. Debes estar seguro de que la pareja es el tipo de persona que puede ayudarte a superar la peor de las tormentas. Por supuesto, el respeto también debe estar presente a lo largo de su relación, pues sin él tendrás dificultades para fomentar la confianza, el amor y la paciencia con cualquier persona, no solo con tu cónyuge.

Aquellas parejas que se las arreglan para permanecer juntas saben que siempre hablan de los problemas más difíciles y encuentran maneras de resolverlos juntos. Como mencionamos en el Capítulo 5, ser abiertos es una de las formas de alimentar la intimidad.

Si podemos aprender a ser lo suficientemente valientes como para revelar nuestras vulnerabilidades, estaremos reforzando aún más la confianza que ya tenemos en nuestra relación.

Los matrimonios también prosperan cuando a ambos cónyuges se apoyan para desarrollar y abrazar su individualidad. Cuando la confianza está fuertemente desarrollada, es mucho más fácil darle a tu cónyuge el tiempo y el espacio que necesita para perseguir sus otros sueños e intereses. Se puede decir que las personas que son libres de ser quienes son dentro de su matrimonio, terminan siendo mucho más felices porque no sienten que su matrimonio los esté privando de nada; son libres de superarse a sí mismos y sus cónyuges siempre apoyan sus búsquedas para convertirse en mejores personas.

Perdonar y seguir adelante

Sabemos cuán inevitables son los conflictos en las relaciones y puedo decir que los matrimonios no son la excepción.Si queremos que un matrimonio dure toda la vida, debemos saber cómo ofrecer disculpas y perdonar. Solo así podremos alejarnos realmente de las heridas del pasado y avanzar hacia cosas mejores.

Perdonar significa dejar a un lado el dolor y las cargas que una vez contaminaron nuestro pasado con tanto dolor. Por otra parte, ofrecer disculpas consiste en saber exactamente qué hicimos mal y aceptar lo que hicimos, también implica dar los pasos necesarios para enmendar las cosas y hacer lo que tenemos que hacer para que la falta cometida no vuelva a ocurrir. No es fácil, pero se trata de hacer lo correcto.

No hay "YO" en el equipo

Sí, dije que es escencial abrazar la individualidad en tu matrimonio, pero también debes recordar que tú y tu cónyuge también son un equipo ahora. Esto significa que deben lidiar con las adversidades juntos, y que deben ser fuertes por sí mismos y para cada uno a fin de garantizar que nada ni nadie pueda interponerse entre ustedes, ni siquiera sus propias familias. Ustedes dos deben convertirse en una unidad formidable que no puede ser sacudida por nada, y siempre deben poder depender el uno del otro en momentos de necesidad.

Luchas justas

Ningún matrimonio exitoso es perfecto, y ustedes dos están destinados a luchar de una forma u otra, así que asegúrense de luchar de manera justa.

Esto implica decir lo que piensa sin salirse del tema o taer a colación problemas del pasado; no digas cosas solo para lastimar y, sobre todo, no discutas solo para "ganar".

Ayuda a terminar las peleas con una solución que se adapte bien a ambos. Por supuesto, recuerda elegir tus batallas sabiamente. Siempre pregúntate si el asunto en cuestión realmente vale la pena o si es mejor dejarlo pasar.

Amor y Amistad

Estar casado significa que también te has convertido en el mejor amigo del otro. El matrimonio no se trata solo de compromisos, pasión o dificultades. ¡También se trata de divertirse! Si queremos mantener vivo nuestro matrimonio, debemos soltar y dejar de lado la seriedad de vez en cuando.

Asegúrate de que la diversión y el humor sean una parte regular de tu vida matrimonial. Nada puede disipar los malos momentos mejor que compartir alegrías y risas. Y, mientras que el amor y la pasión pueden fluctuar a lo largo de tu matrimonio, los dos todavía pueden llegar a ser felices si por lo menos son amigos.

Mejorar tu mismo para mejorar la dinámica del matrimonio

El matrimonio es probablemente una de las mejores cosas que te sucederá a ti y a tu pareja, pero por supuesto, sobrevivir a él no va a ser fácil. Se trata de cometer errores y un montón de pruebas y errores antes de hacer las cosas bien. Tus experiencias pueden hacer que te sientas seguro de poder superar y aprender cualquier cosa en el camino, pero también puedes trabajar en acciones preventivas antes de que los problemas comiencen.

Para comenzar a mejorar tu matrimonio, primero es necesario que te analices profundo y detalladamente a ti mismo. Todo comienza con el esfuerzo consciente de mejorar desde dentro. Pregúntate: ¿Qué debes cambiar exactamente para poder convertirte en una mejor persona? Se trata de ti, y no de lo que tu cónyuge tiene que hacer para mejorar las cosas.

Las cosas que necesitas cambiar

Tu cónyuge será esa única persona en tu vida que te conozca desde adentro. Sabrá quién eres así como también quien no eres. Sabrá cómo te gustan los huevos de tu desayuno y la mayoría de tus manías. Por supuesto, también sabrá qué rasgo de ti le molesta mucho.

Sea lo que sea, es importante que te des cuenta y veas si puedes hacer algo para cambiar ese comportamiento.

Aunque nunca es recomendable cambiar por completo quién eres por el bien de la otra persona, analiza por qué no intentas hacer un esfuerzo para cambiar si realmente algún cambio no te quitará mucho.

Por ejemplo, si tu cónyuge se queja de que no eres expresivo con tu amor, ¿por qué no empiezas a mostrarle más amor de la manera que seguramente le gustaría? Si pudieras eliminar esas pequeñas molestias, estarás lidiando con muchas menos peleas a partir de ahora. ¿No es un cambio que vale la pena hacer?

Dar más cumplidos

Es muy fácil de pasar por alto el poder de los cumplidos cuando nos vemos atrapados en la naturaleza mundana de la vida cotidiana.

¿Puedes siquiera recordar la última vez que le hiciste un cumplido genuino a tu cónyuge? ¿Qué hay de ti?" A veces damos por sentado todas las cosas buenas solo porque nos hemos acostumbrado tanto a la presencia de nuestro cónyuge en nuestras vidas.

Si pudiéramos simplemente reconocer las pequeñas cosas que hacemos, así como los esfuerzos aparentemente triviales que nuestro cónyuge hace por nosotros, nuestro matrimonio cambiaría gradualmente para tener una dinámica más positiva.

Nutrir tu matrimonio

El matrimonio estará compuesto de tormentas y sequías, por lo que tú y tu cónyuge tendrán que hacer todo lo posible para soportar esas dificultades. Una vez que superemos el hecho de que el matrimonio no es un ticket para ser felices por siempre, nos estaremos abriendo a más oportunidades que harán que la vida sea completamente satisfactoria.

Siempre debemos recordar que las tormentas no son exactamente signos de nuestros fracasos. Como cualquier otra fuerza de la naturaleza, ellas también pasarán, y sobreviviremos siempre que estemos dispuestos a recoger las piezas y construirnos una vez más.

Servir

Una de las maneras de mantener vivo el amor es comprometernos con actos de servicio.

Por ejemplo, puedes hacer un esfuerzo por limpiar la casa o preparar el desayuno para tu cónyuge cuando sepas que se fue a la cama muy cansada la noche anterior.

Al mostrar cuán dispuesto estás a hacer las cosas, podrás desarrollar un mayor sentido de amor y compasión por tu cónyuge, y causarás que te aprecie más porque estás haciendole saber, a través de tus esfuerzos, que la amas.

Modificar los rasgos de personalidad

Trabaja en los rasgos que te harán una mejor versión de ti mismo como la paciencia, el desinterés, la compasión y humildad. También vale la pena aprender cómo puedes ser más indulgente con su cónyuge y contigo mismo. Afinar estos rasgos te permitirá amar más y más profundamente. Esto también te hará menos propenso a caer en las trampas del orgullo y el egoísmo, dos de los destructores más comunes de las relaciones. Cuanto más trabajes en tu personaje, más podrás contrarrestar estos venenos en las relaciones.

El lenguaje de amor de tu cónyuge

El Dr. Craig Giorgiana afirma que los seres humanos tienen 3 idiomas principales de amor:

- Orientado a la tarea: el amor se expresa haciendo cosas por los demás.

-Verbal - El amor se expresa a través de palabras habladas.

- Orientado al tacto: el amor se expresa a través del tacto, como tomarse de las manos, abrazos, etc.

Es cosa grande cuando tú y tu cónyuge tienen el mismo lenguaje de amor, pero ¿y si no lo tienen? En estos casos, se recomienda que aprendas cuál es su lenguaje de amor preferido para que sepas cómo comunicarle adecuadamente tu amor.

Forzar a tu pareja a entender tu amor a través de tu lenguaje solo te dificultará las cosas.

Por ejemplo, si continúas diciéndole a tu cónyuge cuánto lo amas en alemán cuando solo sabe inglés, nunca logrará apreciar tu amor porque no lo puede entender.

Si a tu pareja le gusta que le digas que la amas, díselo o felicítala cuando haga algo grandioso; si prefiere las caricias en lugar de las palabras, dale un beso y un abrazo; si aprecia el esfuerzo, pregunta acerca de su lista de tareas pendientes y haz algo por ella; depende de ti descubrir qué es lo que más le gusta.

El matrimonio no se trata solo de los tiempos felices. Más bien, se trata de aprender cómo mantener los niveles de felicidad de la relación a pesar de la avalancha de tormentas y sequías. Es posible que todos tengamos diferentes métodos para resistir, pero si hacemos lo básico y valoramos las cosas pequeñas como lo sugiero en este capítulo, probablemente no tendremos que padecer cosas más complicadas.

Una vez más, nuestros esfuerzos no siempre tienen que ser grandes. Un poco de trabajo todos los días es todo lo que se necesita para mantener el tipo de relación que nos gustaría tener para siempre. Si bien un matrimonio feliz requiere un esfuerzo para crecer y nutrirse, tampoco debería ser tan difícil.

CAPÍTULO 7: ¿CÓMO COMPRENDER LOS CONFLICTOS MARITALES?

Los conflictos maritales no solo se originan por una diferencia de puntos de vista y opiniones, son también una serie de episodios que se han acumulado hasta el punto de infligir un daño considerable a la relación de la pareja. La mayoría de las veces, la causa de los conflictos matrimoniales se encuentra en el egoísmo, desde uno o ambos lados. Cuando una de las partes insiste en hacer las cosas a su manera, sin tener un compromiso dentro de la relación, casi siempre afectará negativamente al matrimonio.

Todos los matrimonios tendrán este tipo de tensiones, así que lo que recomiendo no se trata de cómo evitar los conflictos, sino de aprender sobre las mejores maneras de lidiar con ellos. Los conflictos pueden alejarte o acercarte más. Todo dependerá de cómo tú y tu cónyuge responden cuando llegue el conflicto.

Los problemas más comunes de las parejas casadas

Las parejas casadas se enfrentan a una serie de problemas y muchos de ellos pueden evitarse o resolverse fácilmente mediante una variedad de técnicas. A continuación se enumeran los conflictos más comunes que se puede encontrar dentro de un matrimonio. Ten en cuenta que estos conflictos no necesariamente significan el final de tu relación, pero sé muy cuidadoso cuando te des cuenta de que están sucediendo con demasiada frecuencia.

-El estrés

El estrés es un problema muy común en las parejas casadas y puede ser provocado por múltiples factores.

El estrés puede provenir de presiones profesionales, contratiempos financieros, problemas familiares, enfermedades físicas, enfermedades mentales o incidentes traumáticos. Si una pareja no logra manejar el estrés de la manera correcta la primera vez, puede conducir a más estrés.

-Diferencias en los sistemas de creencias y valores.

Una pequeña diferencia es saludable en cualquier relación, pero muchas de ellas pueden causar un conflicto considerable.

Por lo general, las diferencias conducen a la fricción, especialmente cuando se trata de asuntos importantes. Por ejemplo, los cónyuges suelen tener problemas para compatibilizar sus principios cuando se trata de criar a los hijos, esto debido a que cada uno aprendió cosas diferentes mientras crecían.

Puede que no sea un gran problema cuando las cosas se pueden resolver fácilmente, pero cuando se está convirtiendo en una fuente de peleas crónicas, entonces sabes que también se está convirtiendo en un problema real.

-Diferencias en los deseos sexuales.

Ya sabemos que la intimidad sexual es necesaria para mantener estables las relaciones y los matrimonios. Sin embargo, cuando las parejas tienen deseos sexuales desiguales, puede plantear un problema real para su relación. Estas diferencias pueden ser causadas por la pérdida de la libido de uno o ambos cónyuges y, en otros casos, por preferir una amplia variedad de cosas sexuales.

EL aburrimiento

Sentirse aburrido en una relación es un problema que generalmente se pasa por alto.

Si bien el aburrimiento puede parecer inofensivo, por lo general es una indicación de que la relación ha perdido su gloria y entusiasmo — simplemente no hay nada que esperar—. La previsibilidad de las rutinas puede hacer que una persona piense que todo lo bueno ha sido eliminado.

Cuando el aburrimiento se ignora por mucho tiempo, puede llevar a las personas a buscar la felicidad fuera de su matrimonio, lo que a veces puede involucrar infidelidades.

Los celos

Tener un cónyuge demasiado celoso puede ser muy desafiante. Un poco de celos por lo general no hacen daño en una relación, pero si son demasiados, en algún momento serán muy estresantes para ambas partes. El cónyuge demasiado celoso se vuelve demasiado dominante hasta el punto de convertirse en un detective, y querrá inspeccionar todos tus asuntos ya sea que estés haciendo algo malo o no.

Te en cuenta que cuando las personas comienzan a sentirse restringidas dentro de sus relaciones, sabes que no se producirá algo bueno.

La infidelidad

Cuando escuchamos la palabra "infidelidad", generalmente pensamos en asuntos sexuales extramatrimoniales. Sin embargo, el engaño no se limita a las relaciones prohibidas de alta pasión y torbellino. También incluye eventos de una noche, infideliddes emocionales e infidelidades virtuales, o aquellas relaciones que se desarrollan en el internet. Algunos de estos casos no implicarán relaciones sexuales, pero mientras prestes atención "más que amistosa" a otra persona que no sea tu cónyuge, seguirá contando como infidelidad.

Las señales de advertencia de un problema real

Nunca pensaste que llegarías a este punto, pero aquí estás, pensando en la posibilidad de que este matrimonio haya sido un error después de todo. ¿No es así?

¿Cómo podemos saber si el problema con el que estamos lidiando es solo un problema que requiere más esfuerzo y atención sustancial o algo que ya es una señal de alerta?

Lucha crónica sobre los mismos temas

Las peleas son normales, pero si tú y tu cónyuge están peleando por los mismos temas una y otra vez, eso es un gran indicio de que las causas fundamentales de esos problemas nunca se abordaron.

Si realmente quieres que tu matrimonio tenga una oportunidad, entonces ambos deben trabajar para superar estos viejos problemas de una manera adecuada para que finalmente puedan dejarlos en el pasado. De lo contrario, si estos problemas siguen regresando, solo llevarán a persistentes sentimientos de amargura y resentimiento, lo que hará que ambos pierdan la fe en su relación.

Ser el último en enterarse

¿Te enteras de cosas de tu pareja por alguien más en lugar de ellos? ¿También tu pareja descubre cosas sobre ti a través de otras personas? Cuando te conviertes en el último en enterarte de cosas importantes (y viceversa), queda muy claro que los intentos de comunicación e intimidad han fracasado en algún momento. Ambos ya no se consideran el mejor amigo o el refugio seguro que suponía que eran

Una rotunda falta de intimidad

Algunas personas pueden tener más o menos deseo sexual que sus cónyuges.

En realidad, esto es bastante común y es un problema bastante práctico, incluso si es un problema. Sin embargo, cuando se produce una disminución significativa de la intimidad física y sexual, puedes estar seguro de que hay problemas. Tal desinterés puede significar una multitud de cosas, pero en realidad, la causa principal no importa exactamente, ya que todas estas cosas te impiden conectarte con tu cónyuge.

Priorizar a los niños en lugar de tu cónyuge

Los niños generalmente toman el lugar número uno en la lista de prioridades en el momento en que entran en tu vida.

Por supuesto, no hay nada de malo en querer lo mejor para tus hijos. Sin embargo, puede ser extremadamente perjudicial si pones su bienestar primero a expensas de tu matrimonio.

Cuando tu matrimonio se centre demasiado en tus hijos, tú y tu cónyuge pueden comenzar a descuidar las necesidades de cada uno. Es posible que no te des cuenta de esto, pero ignorarse mutuamente dará un mal ejemplo a los niños. Ellos no sabrán cómo es realmente una relación amorosa. Una vez que tu matrimonio se vea afectado negativamente, los niños también serán los más afectados.

Los pensamientos de infidelidad atormentan tu mente

No importa si en realidad estás teniendo una aventura o no, pero si la idea de tener a alguien más te emociona aún más, definitivamente estás en un gran problema.

Si crees que puedes encontrar la felicidad que te has estado perdiendo por vivir con tu cónyuge, lamento decirlo, pero solo estarás dirigiéndote hacia decepciones mucho más grandes. Las infidelidades solo empeorarán los problemas que ya tienes porque traerás engaño, culpa, vergüenza y más insatisfacción.

Luchar por tu matrimonio

Nada en tu matrimonio parece estar yendo bien y realmente sientes que rendirte es lo mejor que puedes hacer. Antes estabas muy consciente de que la fase de la luna de miel no duraría para siempre, pero aún así, sabes que tampoco te inscribiste para una vida de miseria o mediocridad. Una cosa es no haber obtenido todo lo que esperabas y otra cosa es vivir una vida que se sienta peor de lo que es aceptable. Si alejarte se siente realmente tentador, pregúntate si después de todo todavía vale la pena luchar por tu matrimonio.

Dudas acerca de terminar la relación

Sí, estás pensando en irte, eso es cierto en este momento. Sin embargo, a pesar de esos pensamientos, todavía sientes grandes dudas sobre si es una decisión que lamentarás en el futuro.

Cuando las personas piensan que realmente están listas para terminar, llegan al punto en que simplemente no hay vuelta atrás, y están listas para dar ese paso en el momento en que tienen la oportunidad. Sin embargo, si te sientes devastado por terminar la relación, entonces es probable que aún puedas ver algunas razones por las que vale la pena arreglar el matrimonio.

Tal vez solo tengas que reconsiderar más aspectos positivos para darte cuenta de por qué tu matrimonio todavía es bueno para ti.

La tensión de la relación es principalmente por los niños

Cuando tienes niños a los que cuidar, eso puede matar fácilmente el romance que una vez tuvieron tu cónyuge y tú. Después de todo, los niños pueden distraerte y agotarte hasta el punto de padecer un estrés crónico. Otras veces, es posible que tu estrés se deba a los problemas financieros. Recuerda que esta es una fase normal del matrimonio, son obstáculos que debes superar de alguna manera, todavía hay esperanza de resolver las cosas siempre y cuando ustedes dos todavía se amen y se respeten mutuamente.

Disposición para trabajar la relación

A veces, un matrimonio comienza a desmoronarse porque ambos cónyuges han empezado a darse por sentado sin saberlo.

Cuando empiezas a ver que esto es lo que le está sucediendo a tu matrimonio, puedes hacerte de la vista gorda o elegir abordar lo que está pasando.

Si tú y tu cónyuge todavía están dispuestos a hacer que las cosas funcionen, entonces es probable que valga la pena intentarlo.

El fuego se puede volver a encender

Sabes en ti mismo que todavía amas a tu cónyuge y que eso es algo que nunca ha cambiado. Sin embargo, el problema es que tu matrimonio ya no te emociona más. Si este es el caso, es probable que estés pasando por una "mala racha" relativamente inofensiva, nada que no pueda ser solucionado con unos pocos esfuerzos concertados para volver a encender la chispa. Pronto te darás cuenta de que una pasión renovada es probablemente todo lo que necesitas para hacer que el matrimonio se sienta otra vez satisfactorio.

No puedes imaginar tu vida sin el otro

La vida matrimonial puede ser realmente difícil y desagradable en este momento, pero de alguna manera todavía ves las cosas que te hicieron amar a tu cónyuge. No importa cuánto quieras huir de todos los problemas, simplemente no puedes imaginar tu vida sin tu pareja (Vivir sin tu pareja parece una mala idea, a pesar de todas las dificultades actuales). Si así es como te sientes, entonces sabes por ti mismo que vale la pena luchar por este matrimonio.

Le debes a tu cónyuge y a ti mismo darle al matrimonio la oportunidad que se merece.

Se acabó: tirar la toalla

El divorcio o la separación son, de hecho, temas pesados que no deseas mencionar a menos que estés real, absoluta y verdaderamente seguro de haber agotado todos los medios para salvar tu matrimonio.

Llegar a este punto es probablemente una de las cosas más difíciles que tendrás que atravesar. Después de todo, nunca es fácil admitir que vas a acabar algo tan grande como el matrimonio.

¿Es realmente hora de dejarlo todo?

En este momento, tu y tu cónyuge son los únicos que realmente pueden saber si mantenerse casados es mejor que divorciarse. La realidad es que vale la pena salvar algunos matrimonios y otros simplemente no valen ni un minuto más de tu tiempo. Tendrás que trabajar en este asunto con mucho cuidado para que puedas estar seguro de que no te arrepentirá más adelante.

Cuando se trata de este tipo de decisiones, es importante que reconozcas a fondo las implicaciones y las repercusiones de cortar todos los vínculos legales con tu cónyuge.

Aparte de tu matrimonio, también tienes que pensar en tus hijos, activos compartidos, proyectos de vida en curso, etc.

Prepárate para todas las cosas que perderás y no pienses en lo que podrías obtener después. Por ejemplo, si estás pensando en solicitar el divorcio porque actualmente no eres feliz, no esperes encontrar la felicidad cuando vuelvas a estar soltero.

En este punto, puedes sentir que tu corazón ya se ha decidido, pero ¿es realmente el divorcio la mejor opción para tu situación? Antes de dejar totalmente todo, tómate el tiempo de responder primero las siguientes preguntas:

-¿Sientes que te estás quedando vacío, como si no tuvieras nada más para dar a este matrimonio?

-¿Sientes que tu corazón se ha quedado sin esperanza, paciencia y perdón?

-¿Te sientes apático por tu cónyuge? ¿Tu cónyuge también se siente apático contigo?

-¿Hay ciertos temas que siempre quedan "fuera de alcance"?

-¿Se ha quedado el matrimonio sin todo tipo de intimidad? ¿Ya no se ríen juntos?

-¿Puedes imaginarte la vida sin tu cónyuge?

-¿Tu matrimonio está contaminado con un historial de excesos como abuso, adicción, infidelidades, ira?

Si respondiste afirmativamente a la mayoría o a todas estas preguntas, es probable que estés esperando la última gota que derrame el vaso. Desafortunadamente, para este tipo de casos, el matrimonio ha terminado. La separación se convierte en la única solución lógica, especialmente si tu relación ahora está llena de apatía y resentimiento.

Antes de terminar

Tu mente puede estar llenandose con todo tipo de pensamientos en este momento, por lo que antes de tomar tu decisión, considera alejarte de todo para que puedas intentar ver tu matrimonio desde otro ángulo. Darte este tiempo para ti mismo, incluso si es solo un fin de semana, puede proporcionarte el espacio que necesitas para tener una perspectiva más clara de las cosas; a veces, la claridad viene con la soledad. Durante este tiempo, es importante que tu:

- Te manténgas alejado del estrés tanto como sea posible.

-Uses este tiempo para aprender cómo controlarte, sin importar lo que pase.

-Crees un plan de contingencia para asegurarte de que estás en control de tu vida. Quizás, termines sin usarlo, pero al menos puedes consolarte con la idea de que no estarás en la oscuridad.

-Resguardes tu seguridad, especialmente si estás tratando con un cónyuge que es capaz de hacer cosas peligrosas. Busque la ayuda de familiares y amigos durante este tiempo tan difícil.

Involucrar a las autoridades si es necesario.

Cuando finalmente sea el momento de rendirse y tirar la toalla, lo sabrás en tu mente y corazón.

Es probable que las respuestas te lleguen durante ese momento de máxima claridad. Si terminas eligiendo el divorcio, recuerda que todavía no es el fin del mundo. Todo esto es solo una tormenta que en algún momento pasará.

Algunos conflictos conyugales pueden solucionarse, mientras que otros no desaparecerán a menos que sueltes el matrimonio por completo. Tu matrimonio puede haber fallado en algunos casos, pero eso no significa que tú también seas un fracaso. Solo serás un fracaso si no eliges crecer y aprender de tus errores.

Capítulo 8: Hábitos para el crecimiento de relaciones saludables

Las relaciones humanas son una parte fundamental de la vida y, a menos que vivamos en total aislamiento, cada relación que tendremos ya sea fugaz o para siempre (por ejemplo, la familia), tiene el poder de mejorar nuestras vidas. Sin embargo, si no somos cuidadosos en elegir con quién nos compartimos, podemos terminar fomentando relaciones que son realmente nocivas para nosotros.

Ninguna relación será perfecta y, en realidad, la mayoría de nuestras relaciones tienen una combinación de rasgos saludables y no saludables. Por supuesto, como cualquier otro tesoro buscado, las relaciones sanas requieren mucho trabajo y esfuerzo para prosperar.

Esto se aplica a cualquier tipo de relación, ya sea con la familia, amigos, colegas o parejas románticas.

Relaciones saludables vs. Relaciones no saludables

Las relaciones sanas te hacen sentir realmente feliz y agradecido de estar vivo y, aunque habrá momentos desagradables, la alegría que trae compensa muy bien el estrés que causa. Si tus relaciones son bastante saludables, deberías poder:

-Cuidarte.

-Tener una moral alta y un buen nivel de autoestima que no dependa de ninguna de tus relaciones.

-Enfocarte en tu crecimiento personal y en prosperar individualmente.

-Tener una relación cercana con tu familia y amigos.

-Disfrutar de actividades o pasatiempos con o sin tu pareja.

- Ser abierto con tus pensamientos y sentimientos sin tener miedo de las repercusiones.

-Sentirte seguro y cómodo contigo mismo.

-Permitir que cada quien haga nuevos amigos.

- Participar en actividades que ambos disfruten.

-No preocuparte por tener que lidiar con cualquier tipo de violencia dentro de la relación.

-Confiar mutuamente y fomentar un ambiente de honestidad.

-Tener tiempo para ti.

- Respetar los límites sexuales de cada uno.

-Aceptar ayudas, o permitir dar y recibir en la relación.

-Resolver problemas y conflictos justos.

Por otro lado, si tus relaciones no son nada buenas,

probablemente estés lidiando con más estrés del que deberías.

Aquí están las señales de advertencia de las relaciones nocivas:

-El auto-abandono es absoluto; las necesidades de otra persona siempre van primero.

-Hay una necesidad molesta de cambiar quién eres para la satisfacción o aprobación de la otra persona.

-Te asusta y te preocupa no agradar.

- Sientes que debes abandonar los pasatiempos o las actividades que te encantan.

-Presionas a tu pareja para que siempre esté de acuerdo contigo.

-Tratas de cambiarla para que puedan ser una "mejor combinación".

-Uno o ambos necesitan justificar lo que están haciendo (por ejemplo, con quién se están reuniendo, a dónde van, etc.)

-Uno de ustedes se siente obligado o presionado a tener relaciones sexuales.

-Hay una falta de privacidad absoluta.

-Los conflictos no se resuelven de manera justa; los gritos y la violencia son características habituales para argumentar.

-Uno está tratando de buscar el control y manipular al otro para hacer lo que él o ella quiere.

-Uno puede estar acaparando al otro para sí mismo; la otra persona no puede ver a su familia o amigos.

-No hay igualdad en la relación (por ejemplo, recursos, tratamiento, etc.)

Lidiar con algunas de las características antes mencionadas no significa necesariamente que todo haya terminado para ti y tu pareja. Al tener conciencia de estas características de relación no saludables, deberías buscar formas de convertir tu relación en algo que pueda ser mejor para ambos.

Sin embargo, si tu pareja te lastima regularmente, bien sea física o sexualmente, es una señal obvia de que estás atrapado en una relación tóxica. En tales casos, debes buscar ayuda profesional o considerar abandonar la relación. El amor puede tener sus altibajos, pero nunca debería doler de forma regular.

Recuerda, una persona que realmente te ama no hará nada que te ponga en peligro constantemente.

Construir una relación saludable con tu pareja

Para disfrutar plenamente de la compañía de otros, primero tendrás que aprender a disfrutar de tu propia compañía. Sí, los seres humanos estamos principalmente programados para anhelar conexiones profundas con otras personas. Sin embargo, si no podemos sentirnos bien con nosotros mismos, por nosotros mismos, tendremos dificultades para demostrar quiénes somos realmente a quienes queremos dejar entrar.

Si otras personas no pueden comunicarse con el verdadero nosotros, no podrán aceptar y amar a la persona que somos en lo más profundo.

Disfruta el momento

Cada vez que conocemos a alguien que tiene el potencial de ser una pareja romántica, tenemos la tendencia a adelantarnos a los acontecimientos. En nuestras cabezas, ya comenzamos a construir el futuro que deseamos tener con esa persona. Sin embargo, cuando esto suceda, regresa al momento presente y, en lugar de fantasear con el futuro, haz lo mejor que puedas para disfrutar de tu cita y pensar si realmente quieres volver a ver a esta persona. Tómate tu tiempo, disfruta de la espontaneidad de la situación y no forces las cosas para que encajen.

Dedica tiempo a las otras personas en tu vida y no te permitas estar demasiado disponible demasiado pronto. Deja que los momentos sigan su curso correcto para que puedas averiguar si vale la pena invertir en esta nueva persona o no. Después de todo, no quieres tomar todas esas decisiones importantes de la vida cuando tu cuerpo está lleno de emociones intensas.

Mantén la Individualidad

Estar entremezclado nunca es saludable en ningún tipo de relación. Estar entremezclado es el estado en el que tú y la otra persona se convierten en el tipo de unidad que es difícil de diferenciar: es como si siempre se tratara de un paquete. En las familias entremezcladas, esto ocurre cuando la decisión de una persona siempre afecta a todas las demás personas en el hogar; son dependientes entre sí.

Por lo tanto, si deseas construir una relación saludable con tu pareja, nunca querrás llegar a este punto. Asegúrate de que hagan tareas separados y mantengan amistades que sean independientes entre sí. Al mantener sus personalidades individuales, el amor, la confianza y el respeto tendrán una mejor oportunidad de crecer.

Como menciono constantemente en este libro, estar abiertos es un ingrediente clave en las relaciones saludables. Simplemente no podemos abrirnos a otras personas cuando no hay suficiente amor, confianza y respeto entre nosotros y aquellos que mantenemos cerca de nuestros corazones.

Manter el amor vivo durante mucho tiempo

Las relaciones felices y saludables no pueden soportar las pruebas del tiempo "naturalmente". No sobreviven solo con la química, pero prosperan con recordatorios constantes y una dedicación continua entre ellos y con la relación.

Todas las parejas tendrán desacuerdos debido a sus diferentes objetivos y opiniones. Por eso es tan importante que se tomen el tiempo para conocer sus puntos en comun, y se lo recuerden constantemente.

Al hacerlo, siempre podrán buscar sus valores compartidos, incluso en esos momentos en los que se encuentran en posiciones antagonicas respecto a un asunto.

Mantente fiel a ti mismo

Siempre recuerda que tú tienes tu propia personalidad, y que eres la única persona que debería poder controlar sus propios pensamientos, sentimientos, esperanzas y deseos. Tú tenías una vida antes de conocer a tu pareja o cónyuge, continúa viviendo esa vida si es saludable, incluso después de que se junten.

No renuncies a tus amigos, tu familia o todo lo que eres por una relación. Nunca lleguen al punto en que se resientan cada uno porque ya no están viviendo las versiones más verdaderas de ustedesmismos.

Siempre recuerda el momento en que te enamoraste

Recuerda en tu corazón de quién te enamoraste. Lo amaste tal como era, y no porque pensaste que podía ser alguien mejor. Por supuesto, todos tienen un lugar para mejorar y todos pueden hacer el esfuerzo de ser mejor de lo que eran ayer. Pero ese cambio, en última instancia, tiene que ser una elección personal. Pregúntate: ¿por qué te enamoraste de esta persona? Honra esa versión y anímalo/la a crecer contigo para mejor. Nunca lo/la obligues a cambiar solo para que pueda adaptarse mejor a sus expectativas. Eso solo dará paso al desprecio y al resentimiento.

Crecer junto con tu pareja

Las citas y las relaciones nos pueden ayudar a aprender muchas cosas sobre nosotros mismos.

Estas relaciones, incluso si finalmente terminan, sirven como reflejos precisos de nuestros comportamientos y hábitos. No importa cuánto duren, ellas tienen la capacidad de mostrarnos quiénes somos realmente a la luz de diferentes circunstancias.

Cada vez que nos abrimos a alguien, nos damos la oportunidad de descubrir las partes de nosotros mismos que vale la pena mantener y las áreas que aún deben mejorarse. También podemos descubrir qué rasgos son atractivos para nosotros y cuáles simplemente no son negociables. Con el tiempo, nuestras relaciones nos brindarán la experiencia necesaria para llegar a una respuesta definitiva a estas preguntas:

- ¿Qué es lo que realmente me importa? ¿Cuáles son mis necesidades?

-¿Cuáles son mis valores personales? ¿En qué creo?

-¿A cuáles de mis sentimientos e ideas vale la pena proteger y luchar?

-¿Qué clase de amigos quiero mantener?

-¿Qué tradiciones o actividades quiero mantener?

-¿Estoy trabajando constantemente en mi crecimiento personal y en mi felicidad?

En cierto modo, crecer juntos significa aceptar ser el fan número para cada uno; honrar la individualidad y las diferencias de cada uno al ser el sistema de apoyo más confiable cuando se trata de sus metas, sueños y aspiraciones; implica confiar en uno mismo y en el otro, o creer que ambos tienen lo necesario para conducir a su compañero hacia las cosas que los ayudarán a realizar plenamente su propósito.

Ser capaz de crecer con tu pareja no significa que tú la necesites para sentirte completo; su presencia en tu vida es sencillamente un regalo. Tampoco se trata de ponerse de acuerdo sobre todo lo que se pone sobre la mesa, sino de respetar las diferencias que hacen que la relación sea más agradable para ambos.

El amor correcto debería hacerte sentir completo tal como eres, pero prefieres compartir tu vida con ella/él porque la vida es mucho mejor y más gratificante de esa manera. Puedes sentirte bien por ti mismo, pero prefieres compartir el amor y la felicidad con una persona que continuamente te inspira a superar los estándares que ya habías establecido.

Conclusión

Todas las buenas relaciones giran en torno a cómo interactúan tú y tu pareja, no con lo que hacen regularmente cuando están juntos. Es importante que aprendas a sentirte cómodo contigo mismo para poder aceptar de manera adecuada el amor de otra persona y devolverselo. Recuerda: siempre atraerás la clase de amor que mereces (Esta es la razón por la que nunca está mal ponerte en primer lugar. Por último, tu relación contigo mismo marcará la diferencia entre tener la capacidad de crecer junto con su pareja o terminar.

Cuando nuestra relación se estanca, solo tenemos que recordar que el amor no siempre es un escenario de todo o nada. La mayoría de las veces, lidiaremos con un área gris amplia, lo que significa que hay mucho terreno medio en juego.

Aquí es donde tú y tu pareja siempre deben esforzarse por encontrase. Estoy seguro que con la cantidad adecuada de confianza y apoyo, ustedes dos tendrán lo necesario para crecer continuamente como individuos y como pareja enamorada.

Como autor independiente con un pequeño presupuesto de marketing, las reseñas son mi medio de vida en esta plataforma. Si disfrutaste de este libro, te agradecería mucho que dejaras una breve reseña.

CPSIA information can be obtained
at www.ICGtesting.com
Printed in the USA
LVHW010040130520
655433LV00014B/366